Das Bewusstsein von Identität ist in der global geöffneten Welt zu einem universalen Fundament des Zusammenhalts von politischen, sozialen, kulturellen und religiösen Einheiten geworden. Als Folge davon ist der Begriff der Identität in den aktuellen Diskursen wie in den historischen Wissenschaften in zwei Richtungen expandiert. Zum einen wird kollektiven Einheiten ihre Identität als ein nicht hinterfragbares Recht zugesprochen; dabei wird die konfliktsuchende Aggressivität kollektiver Identität in Kauf genommen. Zum anderen führt das fundamentalistische Konzept der Identität zu einem inflationären Gebrauch, der dem Begriff jede klärende Präzision nimmt und den Blick auf entscheidende Fragen des Lebens verdeckt.

Tonio Hölscher, geboren 1940, ist Professor em. für Klassische Archäologie an der Universität Heidelberg. Zu den Schwerpunkten seiner Forschung gehören griechische und römische Staatsdenkmäler, griechische Mythenbilder, der antike Städtebau sowie Theorie der antiken Kultur- und Kunstgeschichte.

TONIO HÖLSCHER

IDENTITÄT ÜBER ALLES?

Von der Gegenwart zur Antike und zurück

COTTA

Cotta
www.klett-cotta.de

Cover: Rothfos und Gabler, Hamburg
Gesetzt von C.H.Beck.Media.Solutions, Nördlingen
Gedruckt und gebunden von GGP Media, Pößneck
ISBN 978-3-7681-9825-7
E-Book-ISBN 978-3-7681-9827-1

Bibliografische Information der Deutschen Nationalbibliothek
Die Deutsche Nationalbibliothek verzeichnet diese Publikation in der Deutschen Nationalbibliografie; detaillierte bibliografische Daten sind im Internet über http://dnb.d-nb.de abrufbar.

INHALT

VORWORT

Die hier folgenden Überlegungen sind aus dem Versuch eines Archäologen und Historikers entstanden, seine Wissenschaft mit seiner aktuellen Lebenswelt in Beziehung zu setzen und in dieser Lebenswelt zu verantworten. Sie wenden sich darum nicht in erster Linie an Kolleginnen und Kollegen der historischen Wissenschaften, die neue Ergebnisse der Forschung erwarten (und die die meisten der hier dargestellten historischen Phänomene kennen, nicht zuletzt aus früheren Schriften des Autors selbst), sondern wollen innerhalb und außerhalb der Fachwelt am Fall eines spezifischen Begriffs ein gemeinsames Nachdenken darüber anregen, welche Rolle die historische Wissenschaft in der Gegenwart spielen und welchen Einfluss die Gegenwart auf die historische Wissenschaft ausüben kann.

Der Begriff der kollektiven Identität – und der damit gesetzten Alterität – von Gemeinschaften und Gruppen, um den es dabei geht, hat seit einigen Jahrzehnten sowohl in den historischen Wissenschaften als auch in den politischen, sozialen und kulturellen Diskursen der Gegenwart eine ubiquitäre Bedeutung gewonnen, die geradezu von einem »Zeitalter der Identität« (Titel eines Buches von Florian Coulmas, 2019) reden lässt. Für einen Beobachter, der Wissenschaft und Gegenwart seit mehr als zwei Generationen vor Augen hat, stellt sich dabei die Frage, wie man früher weitgehend ohne Identität auskommen konnte. Der Begriff und die Kategorie der Identität bezeichnet nicht so sehr ein neues Feld der Forschung und der gegenwärtigen Lebensordnung, sondern ist als Schlüssel des Verständnisses in fast alle Bereiche des historischen wie des gegenwärtigen Lebens eingedrungen, die seit jeher im Blick des historischen wie des gegenwärtigen Bewusstseins gewesen waren. Als Wissenschaftler kann man das als neuen Trend der aktuellen Forschung hinnehmen – man kann sich aber auch fragen, was man mit Begriffen und Kategorien in der Geschichte anrichtet, und wie man mit ihnen in der Gegenwart zurechtkommt.

Die Überlegungen, die in diesem Essay vertreten werden, sind bewusst klar konturiert, kritisch, in vieler Hinsicht auch einseitig formuliert. Sie stehen in einem partiellen Gegensatz zu den Positionen mancher von mir besonders hoch geschätzter Kolleginnen und Kollegen, die in ihren Arbeiten dem Begriff der Identität ein starkes heuristisches Potential abgewonnen haben. Demgegenüber sollen in keiner Weise die Vorzüge und Errungenschaften eines Bewusstseins von kollektiver wie auch individueller Identität geleugnet werden, die oft und zu Recht als wohltuende Grundlage der Bildung von Persönlichkeit und Gemeinschaft gepriesen worden sind. Aber darüber sollte nicht versäumt werden, die fälligen Gegenrechnungen aufzumachen.

Der erste Anstoß zu diesem Essay war eine Einladung zu einer internationalen Graduierten-Tagung an der Universität Basel, »Postkoloniale Antike? Alterität und Macht in den Altertumswissenschaften« (2017), für die ich den Veranstaltern Christian Guerra und Andreas Bohnenkämper herzlich danke. Dank für Kritik und Anregungen, aus Anlass von Vorträgen, geht an Anja Klöckner, Wulf Raeck und Dietrich Raue; für entschiedenen freundschaftlichen Widerspruch an Aleida Assmann; für eingehende kritische Lektüre des Skripts an Manfred Berg, Hans-Joachim Gehrke, Jonas Grethlein, Lucian Hölscher und Michael Sommer; für stetige inspirierende Begleitung bis zu der vorliegenden Fassung an Fernande Hölscher. Ich habe mich bemüht, alle vielfältigen Bedenken zu berücksichtigen, bin aber sicher, sie nicht alle ausgeräumt zu haben. Bei einer Streitschrift kann das kaum anders sein.

Christoph Selzer vom Verlag Klett-Cotta hat die Endfassung und formale Konzeption dieses Essays mit verlegerischem Elan, ermutigenden Vorschlägen und hilfreicher inhaltlicher Kritik gefördert. Museen, wissenschaftliche Institutionen und Bildarchive sowie Leonidas Bournias und Barbara Mittler haben zur Zusammenstellung der Bilder beigetragen. Das Team des Verlags Klett-Cotta hat die Drucklegung mit sachlichem Verständnis und technischer Kompetenz durchgeführt. Auch dafür sage ich herzlichen Dank.

Heidelberg, November 2023

1.
FRAGEN EINES ARCHÄOLOGEN AUS DER SICHT DER GEGENWART

Mein Widerstreben richtete sich gegen die Fetischisierung von Herkunft und gegen das Phantasma nationaler Identität. Ich war für das Dazugehören. Überall, wo man mich haben und wo ich sein wollte. Kleinsten gemeinsamen Nenner finden: genügte.

Saša Stanišić, Herkunft (2019) S. 221f.

VORWEG

Die theoretische Reflexion über die Begriffe, mit denen wir die Geschichte zu verstehen suchen, ist eine selbstverständliche Forderung an die wissenschaftliche Praxis der Historiker. Wir entwickeln Begriffe aus unserem eigenen Denken und wenden sie auf Zeiten und Gesellschaften an, die anders gedacht und ihr Leben in anderen Vorstellungen vollzogen haben. Wie weit gelingt es uns, Begriffe zu entwickeln, die die Andersheit früherer

Gesellschaften erfassen? Oder aber: Wie weit gibt es Begriffe, die eine allgemeine Geltung über die kulturellen Grenzen zwischen uns und den historischen Gesellschaften hinaus besitzen?

Die Frage stellt sich besonders scharf bei dem Begriff der kollektiven Identität, der heute eine geradezu unaufhaltsame Hochkonjunktur für die Beschreibung historischer Gesellschaften, Prozesse und Vorgänge erlangt hat, der aber zugleich eine höchst aktuelle Bedeutung in der politischen, sozialen und kulturellen Gegenwart besitzt. Das heißt, dass wir als Historiker den Gebrauch des Begriffs der Identität in zwei Richtungen zu verantworten haben. Zum einen: Was muten wir den historischen Gesellschaften zu, wenn wir ihnen unsere heutigen Konzepte von kultureller und politischer Identität zuschreiben? Zum anderen: Was richten wir an, wenn wir die heutigen Konzepte der Identität in langen historischen Traditionen begründen?

Die hier folgenden Überlegungen haben zum Ziel, zwei Diskurse der Gegenwart zusammenzuführen, die in aller Regel voneinander getrennt geführt werden, und daraus Folgerungen für beide Bereiche zu ziehen. In den Diskursen der Gegenwart hat die Identität von politischen, sozialen, kulturellen und anthropologischen Gemeinschaften eine geradezu fundamentale Bedeutung für deren Selbstverständnis und Zusammenhalt gewonnen. Sie bildet die Grundlage einer immer weiter ausgreifenden Identitäts-Politik für diese Gemeinschaften, die vielfach mit imperativer Zuversicht vorangetrieben wird, deren aktuelle Folgen aber dringend einer kritischen Wahrnehmung und Erörterung bedürfen. In der wissenschaftlichen Erforschung historischer Gesellschaften, vor allem früher Epochen, ist Identität zu einem Schlüsselbegriff für kulturelle, soziale und politische Gemeinschaftlichkeit erhoben worden. Sie wird als konstitutiv für die Entstehung von Ethnien, Staaten und anderen Gemeinschaften angesehen und in diesem Sinn gewöhnlich als positiver Impuls für die Ausbildung höherer kollektiver Strukturen gewertet. In diesem Kontext werden Phänomene der Lebenspraxis wie der materiellen Kultur vielfach sehr weitgehend im Sinn einer kollektiven Identität verstanden.

Bezüge zwischen diesen Diskursen werden vielfach, vor allem bei frühen Kulturen, nicht hergestellt, sie können aber in beiden Richtungen fruchtbar sein. Für die Gegenwart könnten sie den Horizont der sozialen und kulturellen Konzepte erweitern und dazu führen, dass wir die heutigen Vorstellungen nicht als selbstverständlich oder gar einzig möglich hinnehmen. In den historischen Wissenschaften sollten sie das Bewusstsein stärken, dass auch die Erforschung entfernter Epochen nicht in unschuldiger Distanz zur Gegenwart stattfinden kann. Als Historiker weben wir mit den Kategorien, Themen und Perspektiven der Forschung, bewusst oder unbewusst, ob wir wollen oder nicht, am Teppich der Gegenwart mit.

In den Naturwissenschaften werden seit der Entdeckung der Atomkernspaltung bis zur Entwicklung der Gen-Technik öffentliche Debatten darüber geführt, ob und in welcher Weise die Ergebnisse der Forschung politisch und ethisch verantwortbar sind. Doch auch in den Geisteswissenschaften ist die Frage nach »Nutzen und Nachteil für das Leben« kaum zu umgehen. Für die Gegenwart ist die Frage, wie heilvoll die Konzepte kollektiver Identitäten sind, Gegenstand breiter Diskussionen. Doch auch Historiker früherer Epochen sollten daran teilnehmen und Erfahrungen aus anderen Kulturen beitragen. Mit der unkritischen Übernahme der Begriffe werden nur, wenngleich unabsichtlich, aktuelle Positionen und Trends bestätigt.

Das Thema der Identität betrifft Grundfragen des sozialen Lebens: Geschlecht und Hautfarbe, Nation und Region, Klassen und Gruppen, Religion und Lebenskultur. Es hat daher einen zentralen Platz in den verschiedensten Wissenschaften, die sich mit dem Thema der Identität nicht nur in historischen Gesellschaften, sondern vor allem in der aktuellen Gegenwart, und dazu mit seinen theoretischen Grundlagen beschäftigen: in Philosophie, Theologie und Psychologie, Soziologie und Politologie, Rechts- und Kulturwissenschaft. Dies alles liegt weit jenseits der Kompetenz des Autors dieses Essays als

Archäologe und Historiker der griechischen und römischen Antike. Die Absicht der folgenden Überlegungen ist, aus dieser begrenzten Sicht die historische Distanz zwischen der Gegenwart und der Antike auf beiden Seiten fruchtbar zu machen für einen kritischen Umgang mit den Konzepten der kollektiven Identität: ohne generalisierenden Anspruch auf aktuelle Geltung, nur im Sinn einer Perspektive von außen, mit besonderem Blick auf den Bereich der Lebenskultur.

Dabei geht es um zwei Fragen, die miteinander zusammenhängen. Zum einen ist der Begriff der Identität im lebensweltlichen wie im wissenschaftlichen Sprachgebrauch in einer Weise inflationär ausgeufert, dass er zugleich allumfassend und nichtssagend zu werden droht. Zum anderen kommt es zunehmend dazu, dass Gemeinschaften eine Identität mit einer solchen Emphase als Fundament ihrer Existenz entwickeln, pflegen, zelebrieren und durchsetzen, dass sie leicht entweder in Selbstabschließung oder in Aggression umschlägt. Wenn beides, der inflationäre Gebrauch und die emphatische Selbstbezogenheit, zusammenkommen, kann es bedrohlich werden.

Es ist unbestritten, dass fest gegründete Gemeinschaften für ihre Mitglieder eine ungemein wohltuende, sowohl schützende als auch stärkende und stimulierende Bedeutung haben. Und ebenso, dass dabei affektive Mentalitäten, die Liebe zu den Mitgliedern und den gemeinsamen Lebensräumen, der Stolz auf gelungene Leistungen wie auch die Verantwortung für verschuldete Aktionen der Gemeinschaft eine zentrale Rolle spielen. Heimat, Sprache, Traditionen, historische Schicksale und affektive soziale Bindungen erweisen sich gerade heute, angesichts des drohenden Verlusts dieser Bindungen durch Globalisierung und Individualisierung, als ungemein starke Fundamente von Gemeinschaftlichkeit. Man kann sich aber fragen, wohin es führt, wenn dies mit einer emphatischen Steigerung von Identität bewirkt wird, mit der die Gemeinschaft sich so explizit auf ihr kollektives Selbst bezieht. Oder anders, wie weit Gemeinschaften, die auf emphatische Identität begründet sind, mit ihrem Potential an Exklusivität und Aggressivität, zu einem gedeihlichen Zusammenleben mit anderen Gemeinschaften beitragen. Jede Gemeinschaft braucht Kohärenz, aber wenn der Gemeinschaftssinn durch emphatische Identität aufgeladen wird, werden die Gräben nach außen vertieft.

Gewiss ist es verständlich, dass soziale, kulturelle, ethnische oder religiöse Gruppen, sobald sie diskriminiert, unterdrückt oder bedroht sind, sich auf ihre Identität besinnen, um sie mit gestärktem Selbstbewusstsein zu verteidigen. Heutige Identitäts-Politik wird darum mit dem Ziel betrieben, unterdrückte Identitäten zu stärken, um solchen Gruppen zu gerechter Anerkennung zu verhelfen. Aber gerade hier wird die Problematik der Identitäten pointiert deutlich. Denn Diskriminierung und Bedrohung entstehen fast immer daraus, dass dominante Gruppen – Männer, Heterosexuelle, Deutsche – eine emphatische eigene Identität ausbilden und in der Folge andere Gruppen – Frauen, Homosexuelle, Juden – ausgrenzen, indem sie diese auf eine alteritäre, negativ besetzte Identität festlegen. In diesem Sinn ist Identität kein Heilmittel, sondern Teil des Problems. Das oben zitierte Motto von Saša Stanišić macht das deutlich. In Francesca Melandris Roman »Eva schläft« fürchtet die Titelfigur aus Südtirol nichts so sehr wie die Frage: »Fühlst du dich eher als Italienerin oder als Deutsche?«

Das Ziel kann kaum sein, wie gelegentlich vorgeschlagen wurde, den Begriff der Identität einfach aus dem Sprachgebrauch zu eliminieren. Denn die Kategorien der Identität und der Alterität existieren als soziale Denkform und beherrschen die gegenwärtigen politischen, sozialen und kulturellen Diskurse in einer Weise, die ihre eigene Realität hat. Worum es geht, ist zum einen, dem Begriff der Identität eine klar umgrenzte Bedeutung im Spektrum der Begriffe der Gemeinschaftlichkeit zu geben, und zum anderen, die Kategorie der Identität nicht einseitig als Inbegriff idealer »Selbstheit« und »Selbstverwirklichung« zu verstehen, sondern sie auch in ihren unheimlichen Abgründen und Folgen zu erkennen.

Wir werden weiter mit Identitäten leben. Die Frage

ist, wie viel Identität es sein soll? Und wie gut es sich damit lebt?

GESCHICHTE ALS BLICK IN DEN SPIEGEL ODER AUS DEM FENSTER?

> Da steht er… und schaut aus dem Fenster in die Welt, die ihn immer mehr interessiert hat als der Blick in den Spiegel
>
> *Peter Stamm, In einer dunkelblauen Stunde (2023) S. 251f.*

Es gibt zwei Zugänge zur Geschichte, die sich grundsätzlich in den allgemeinen Erwartungen dessen unterscheiden, was von der Beschäftigung mit der historischen Vergangenheit erhofft wird.

Der eine Zugang ist: Geschichte als Grundlegung und Begründung der eigenen gegenwärtigen Existenz. In diesem Sinn wird die historische Vergangenheit darauf hin betrachtet, wie sie auf die eigene Gegenwart hingeführt und die eigene Gegenwart geprägt hat. Die historischen Traditionen der eigenen politischen, sozialen, religiösen oder kulturellen Gemeinschaft werden als das Fundament ihres gegenwärtigen Zustands betrachtet. Auf Grund ihres historischen Alters werden diese Traditionen als autoritative und legitimierende Grundlagen dessen gesehen, was man als Identität der eigenen Gemeinschaft versteht. Die Vertreter dieses Zugangs schauen in die Geschichte als einen Spiegel, in dem sie, wenn nicht sich selbst, so doch fundamentale Aspekte ihrer selbst suchen, die »Wurzeln« ihrer eigenen kulturellen Wesensart und Ausrüstung, aus denen sie hoffen, zum einen sich selbst zu verstehen und zum anderen die Grundmuster ihrer eigenen kulturellen Praxis zu legitimieren.

Es ist deutlich, welch enorme kollektive Kräfte aus dem Bewusstsein einer eigenen Geschichte und einer darin begründeten historischen Identität entstehen können. Vor allem in Situationen der kollektiven Gefährdung haben Gemeinschaften aus ihrer »großen« Vergangenheit ein eindrucksvolles Potential zur Selbstbehauptung bezogen. Ohne dies Bewusstsein ihrer mythischen und historischen Vorgeschichte hätten die Griechen kaum dem Angriff der Perser und die Römer kaum der Invasion Hannibals standgehalten. Und wie hätten die Juden über Jahrtausende die Verfolgung und vielfache Vernichtung überleben können ohne das unauslöschliche Gedächtnis an den Exodus und ihre folgenden Schicksale im Lauf ihrer Geschichte, in der sie leidvoll zu sich selbst gefunden haben und auf sich selbst verwiesen worden sind? Dies alles ist oft gesagt und ausgeführt worden, und muss präsent bleiben, wenn im Folgenden eine Gegenrechnung aufgemacht und die Kehrseite der Medaille ins Licht gerückt wird.

Geschichte als Blick in den Spiegel bedeutet eine

grundsätzlich narzisstische Perspektive, in der die Betrachter sich in wesentlicher Hinsicht mit sich selbst, ihren eigenen Selbst- und Weltbildern konfrontieren – und die gravierende Folgen hat.

Zum einen: Die Erkenntnis aus dieser Perspektive ist begrenzt. Die Suche nach den eigenen Fundamenten in der Geschichte geht von einem Bild der eigenen Identität aus, das aus der eigenen Lebenserfahrung entwickelt ist und das als Muster für die Suche nach Vorläufern in der Geschichte eingesetzt wird. Man sucht nach Vor-Bildern, die dem entsprechen, wie man sich selbst sieht, und schafft eine Geschichte im Hinblick auf die eigene Welt. Es ist deutlich, dass die Auffindung solcher Doubles in der Vergangenheit wenig Erkenntnisse über die bereits zugrunde gelegten Vorstellungen hinaus bringen kann. Gewiss brauchen Gesellschaften eine vertraute Welt von Lebensräumen, Lebensstrukturen und Lebensregeln, aber solche traditionellen Lebenswelten tragen ihre Geltung in sich selbst und werden von den Menschen der Gegenwart gewöhnlich ohne starken Bezug zu einer geschichtlichen Vergangenheit erlebt. Die Feststellung, dass in früheren Zeiten ähnliche natürliche Bedingungen, anthropologische Grundmuster, kulturelle Konzepte oder soziale Verhaltensformen in Geltung waren, mag eine beruhigende Erfahrung sein, mag ein vertrautes Nest der Bildung oder eine starke Festung von Kultur schaffen, sie kann aber kaum den Raum der eigenen Vorstellungen erweitern. Geschichte als Blick in den Spiegel ist in einem wesentlichen Sinn tautologisch und selbst-bestätigend.

Zum zweiten: In aufgeklärten Gesellschaften ist es problematisch, aus historischen Traditionen eine autoritative Legitimation für deren Fortsetzung in der Gegenwart zu begründen. Zum einen bedeutet es eine Selbsttäuschung, geschichtlichen Vorbildern eine eigene Autorität für die Gegenwart zuzuschreiben, wenn diese Vorbilder in wesentlicher Hinsicht von der Gegenwart nach ihrem eigenen Bild geschaffen worden sind. Autorität kann nur von unabhängiger Seite ausgeübt werden. Und auch das historische Alter kann die Autorität nicht stiften: Traditionen sind aus sich heraus entweder gut oder schlecht, aber sie können aus ihrem Alter als solchem keine zusätzliche Gültigkeit gewinnen.

Schließlich, vor allem: Geschichte als Blick in den Spiegel richtet die Aufmerksamkeit in vorgefasster Weise auf Phänomene der kollektiven Identität von Gemeinschaften, bei deren Ausbildung die gemeinsame Geschichte ein entscheidender Faktor ist. Das bedeutet aber eine Verengung der Perspektive in zweierlei Hinsicht: Zum einen werden die Phänomene der Vergangenheit vor allem nach ihrer Bedeutung für die Identität der betreffenden *historischen* Gemeinschaften betrachtet; zum anderen werden die historischen Phänomene insbesondere in Hinblick auf die Ausbildung einer kollektiven Identität der *eigenen* Gemeinschaft vereinnahmt. Damit entspricht Geschichte einem zunehmend häufigen Trend, mit Wurzeln im Nationalismus des 19. Jahrhunderts, der kollektive Identität als zentrale Kategorie der Bildung von Gemeinschaften betrachtet und als Schlüsselbegriff für das Verständnis von Gesellschaften einsetzt. Das scheint zunächst plausibel und zudem politisch korrekt, denn wer wollte Gemeinschaften das Recht absprechen, sich im Bewusstsein einer gemeinsamen geschichtlich gewachsenen Identität zusammenzuschließen? Doch die Emphase, mit der dies in wissenschaftlichen wie politischen Diskursen beschworen wird, überdeckt leicht die Ambivalenzen und Abgründe der Kräfte, die damit ins Spiel gebracht werden. Kollektive wie auch individuelle Identität wird gegenwärtig als eine Art sakralen Menschenrechts betrachtet, die Suche von Gemeinschaften und Individuen nach ihrer Identität ist zu einer Frage ihrer Existenz geworden – sie ist dabei aber auch zu einer mentalen Obsession von geradezu pandemischer Ausstrahlung mit unabsehbaren Folgen angeschwollen: Weltweit werden Kriege im Namen nationaler, religiöser oder kultureller Identitäten geführt, Gesellschaften und Gemeinschaften zerbrechen über dem Streben einzelner Gruppen nach ihrer Identität. Durch Identitäten werden nach außen Konflikte geschürt, nach innen Kohäsionen zersetzt. Damit erweist Identität sich als die große Gegenkraft zu Solidarität.

Es ist kein Wunder, dass es im Namen solcher Identitäten zu problematischen Reaktionen kommt: wie so oft, zuerst und am heftigsten in den USA. Jonas Grethlein hat es drastisch am Beispiel des antiken Griechenland beschrieben: Wer in der Geschichte nicht das Spiegelbild oder die Präfiguration der eigenen kulturellen und ethischen Optionen findet, wer die kriegerische Brutalität Achills, die elitären Strukturen der griechischen Demokratie, die soziale Niedrigstellung der antiken Frauen oder die griechische und römische Sklaverei an den Forderungen der eigenen kulturellen Identität misst, kann dann leicht zu dem Schluss kommen, diese Geschichte über Bord werfen zu sollen. Das führt zu den gegenwärtigen Auswüchsen eines konfessionellen Zugangs zur Geschichte: Die Vergangenheit wird zum Bekenntnis dessen, woran man glaubt. Alternative geschichtliche Wirklichkeiten müssen dann aus dem geschichtlichen Bewusstsein kritisch eliminiert oder zumindest als nicht akzeptierbar ausgewiesen werden. Die aktuellen Aktionen der ikonoklastischen Zerstörung von historischen Denkmälern und anderen Trägern des geschichtlichen Gedächtnisses sind – ob man sie akzeptiert oder ablehnt – konsequente Folgerungen aus einem Zugang zur Geschichte als Spiegel und Wurzel der eigenen Identität.

Die Gegenposition zu dieser Perspektive ist Geschichte als Blick aus dem Fenster. Sie bedeutet einen

Ausblick aus dem Haus der eigenen Kultur hinaus auf andere Gesellschaften und Kulturen, sowohl der Vergangenheit wie der Gegenwart: nicht Vergewisserung und Bestätigung der eigenen Identität, sondern Erweiterung von Erfahrungen der Wirklichkeit. Eben dies ist der Sinn der viel zitierten Verse Goethes über die »dreitausend Jahre«, von denen wir uns »Rechenschaft zu geben« haben. Keine Rede davon, Traditionen von Identität zu schaffen, sondern nicht »im Dunkel unerfahren« zu bleiben: Ausschau zu halten nach Neuem. Geschichte als Blick aus dem Fenster bedeutet ein offenes Auge für alternative Wirklichkeiten, Bemühung um wechselseitiges Verständnis, Bereitschaft zur gegenseitigen Solidarität, kreative Suche nach neuen möglichen Formen des sozialen und kulturellen Lebens – im Sinn einer produktiven Phantasie für die Gegenwart.

Die beiden Sichtweisen auf die Geschichte sind nicht einander diametral entgegengesetzt. Der Blick in den Spiegel stellt dem Betrachter in der Geschichte kein Ebenbild seiner selbst und seiner eigenen Welt vor Augen, sondern Bilder vorausgehender Zeiten, die die Welt in einem früheren Zustand zeigen, die aber von ihm als kontinuierliche Folge von Vor-Bildern bis zu ihm selbst verstanden werden. Andererseits öffnet der Blick aus dem Fenster nicht eine Sicht in eine vom Betrachter völlig unabhängige Außenwelt, sondern stellt zugleich einen Bezug der Geschichte zu ihm her. Um im Bild zu bleiben: Es sind Menschen, die das Fenster für sich selbst gemacht haben, die daraus in bestimmte Richtungen schauen, die dabei den Blick auf bestimmte Objekte und Phänomene richten. Und die auf das Gesehene reagieren und es in ihre bisherigen Erfahrungen der Welt einordnen. Das suchende und sehende Subjekt ist auch bei dem Blick aus dem Fenster nicht zu eliminieren.

Der Betrachter der Geschichte und die Welt der geschichtlichen Objekte sind in beiden Sichtweisen aufeinander bezogen, jedoch in ganz unterschiedlicher Mischung. In diesem Sinn macht es einen entscheidenden Unterschied, ob der Betrachter dabei sich selbst finden oder sich neue Welten aufschließen will.

ZEITGEIST UND GEGENSTIMMEN

In den historischen Wissenschaften sind der Begriff der Identität und sein Gegenbegriff der Alterität seit längerer Zeit zu Grundkategorien der Analyse zeitgenössischer wie historischer Gesellschaften und Kulturen geworden. Die Altertumswissenschaften sind keine Ausnahme: Die bibliographische Datenbank ZENON verzeichnet (Stand: November 2023) seit dem Jahr 2000 insgesamt 1761 Bücher und Aufsätze aus den Disziplinen der Archäologie, in denen »Identität« im Titel oder Untertitel erscheint oder als zentrales Thema behandelt wird. Das Spektrum reicht von fundierten theoretischen Konzepten bis zu inflationären und plakativen Ausuferungen. Einerseits wird Identität als Grundbegriff der Bildung von politischen, gesellschaftlichen und kulturellen Gemeinschaften: von Staaten und Ethnien, Städten und Dörfern, territorialen und lokalen Einheiten, sozialen und religiösen, Geschlechts- und Altersgruppen eingesetzt. Im Bereich der griechischen Antike ist seit Langem gesehen worden, welch enorme Kraft eine neue panhellenische Identität den verbündeten Griechen in den Kriegen gegen die Perser vermittelt hat, und mit welch massiver Polis-Identität dann Athen und Sparta ihre Machtsphären in Griechenland begründet haben. Christian Meier hat schon früh den Begriff der politischen Identität zur analytischen Beschreibung des intensiven Polis-Bürgertums und der »Entstehung des Politischen« im klassischen Athen eingesetzt; und in neuerer Zeit haben Christoph Ulf und Erich Kistler die »Entstehung Griechenlands« umfassend als »Formierung einer hellenischen Identität« dargestellt. Andererseits wird Identität als Label für alle möglichen Gemeinsamkeiten der Lebenskultur verwendet: Ob griechische Tongefäße oder Architekturen, Lebensstil oder Grabrituale, Athletik oder Krieg, Wirtschaft oder Religion, es gibt kaum einen Gegenstand der historischen Kulturen, der nicht unter dem Begriff der Identität subsumierbar wäre. Auch die theoretische Literatur zu Identität und

Alterität ist unendlich und für niemand überschaubar; umso mehr aber werden die Begriffe in der konkreten Forschung wie selbstverständlich und vielfach unreflektiert gebraucht. Oft steht Identität im Titel, ohne dann im Text weiter thematisiert zu werden. Ein fruchtbarer Sonderforschungsbereich der Universität Freiburg unter Leitung von Hans-Joachim Gehrke über »Identitäten und Alteritäten« von 1997 bis 2003 hat zwar dies Feld weitgreifend ausgeleuchtet und ausgelotet, hat aber an dem allgemein ausufernden und unbedachten Gebrauch der Begriffe und Konzepte wenig geändert.

Dabei haben sich drei problematische Tendenzen entwickelt: Zum einen sind Identität und Alterität zunehmend zu kommoden Passepartouts für alle möglichen Formen kultureller Eigenarten und daraus entstehender Unterschiede von Gesellschaften und Gemeinschaften, sozialen Gruppen und Individuen geworden, die aber die Phänomene oft mehr verschleiern als erklären. Zum anderen wird dabei meist durch die gesamte Weltgeschichte, bei kollektiven Entitäten wie bei individuellen Personen, in gleicher Weise ein ausgeprägtes existentielles Bewusstsein ihrer Identität und ein emphatischer Einsatz für diese Identität vorausgesetzt, ohne zu fragen, ob es sich um ein allgemeines Fundament menschlicher Existenz oder um historisch spezifische Phänomene einzelner Gesellschaften handelt. Und schließlich, zum dritten, kommen dabei, bewusst oder unbewusst, vielfach Wertungen ins Spiel, die allen Gemeinschaften, sozialen Gruppen und individuellen Personen eine unverbrüchliche und uneingeschränkte Identität als positives Recht ihrer Existenz attestieren und darum z. T. die Ausbildung von kollektiver Identität als große Errungenschaft historischer Gesellschaften beschreiben.

Die damit bezeichneten Probleme finden im Alltagsgeschäft der Forschung wenig Beachtung. Die folgenden Überlegungen sollen in einem ersten Teil die allgemeinen Fragen explizieren und mit Thesen beantworten und sie dann in einem zweiten Teil mit Fallbeispielen aus der griechischen Archäologie exemplifizieren und konkretisieren. Wenn ich dabei einen kritischen Umgang mit den Begriffen empfehle, so werde ich darin von Autoren bestärkt, die seit langem in eine ähnliche Richtung argumentieren. Der deutsche Historiker Lutz Niethammer hat in einem gewichtigen Buch »Kollektive Identität« (2000) die »heimlichen Quellen einer unheimlichen Konjunktur«, so der Untertitel, untersucht, hat dabei auf die bedrohlichen Traditionen in totalitären Denkmustern hingewiesen und hat vor entsprechenden Implikationen der Konzepte von Identität für Gegenwart und Zukunft gewarnt. Als Fazit macht er den Vorschlag, »kollektive Identität aus unserem politischen Wortschatz einfach (zu) streichen, und sei es nur für einen Versuch« – wenngleich »mit einem ohnmächtigen Schmunzeln« angesichts der »weltweiten Medien- Politiker- und

Intellektuellen-Konjunktur« des Begriffs. Der italienische Anthropologe Francesco Remotti demonstriert in seinen Büchern »Contro l'identità« (1993) und »L'ossessione identitaria« (2010) an afrikanischen Stammes-Praktiken die blutigen Konstruktionen von Identität und Alterität und ihr Potential der Eskalation zu ideologischen Ansprüchen auf universelle und zeitlose Geltung. Dabei plädiert er für Konzepte, die auf reziproken Austausch zwischen Eigenem und Fremdem begründet sind und damit Brücken schlagen, statt Grenzen zu ziehen. Schon im Jahr 2000 haben Rogers Brubaker und Frederick Cooper den Nutzen des Begriffs Identität als Kategorie der wissenschaftlichen Analyse einer scharfen und heilsamen Kritik unterzogen und eine Skala von weniger hochtrabenden, dafür aber genauer differenzierenden Bezeichnungen von kollektiven Zusammengehörigkeiten verschiedener Art und Intensität vorgeschlagen. Diese Autoren haben wenig Beachtung gefunden, weil der Trend der Zeit es anders wollte. Doch in neuerer Zeit hat der französische Philosoph François Jullien in dem Buch »Il n'y a pas d'identité culturelle« (2016) die Vorstellung einer »kulturellen Identität« uniformer Gesellschaften überhaupt verworfen und an ihre Stelle das Konzept kultureller Ressourcen gesetzt, die die sich wandelnden Gesellschaften für ihre spezifischen Bedürfnisse entwickeln und nutzen, die sie unter veränderten Bedingungen und Vorgaben auch transformieren, die aber auch von anderen Gesellschaften übernommen und weiterentwickelt werden können.

Gegenwärtig wird die Diskussion von diametral entgegengesetzten Positionen beherrscht. Aleida Assmann hat in einem engagierten Plädoyer für »Die Wiedererfindung der Nation« (2021) die konstitutive Bedeutung kollektiver Identitäten für politische und soziale, kulturelle und religiöse Gemeinschaften verteidigt. Dabei weiß sie sich im Einklang mit den vielen Bewegungen sozialer und kultureller, religiöser und Gender-Gruppen der Gegenwart, die lange Zeit von dominanten Kräften der westlichen Welt und ihrer Ideologie des universalen Fortschritts marginalisiert, diskriminiert oder unterdrückt waren. Tatsächlich tun sich hier allerdings deutliche Diskrepanzen auf: Denn gegenwärtige Identitäts-Gemeinschaften treten vielfach nicht nur mit dem berechtigten Anspruch auf die – wohl verstanden: absolut notwendige – soziale Gleichberechtigung und öffentliche Selbstvertretung auf, sondern schließen sich dabei vielfach in eine exklusive Autonomie ein, die die Kommunikation mit anderen Gruppen versperrt und den sozialen Zusammenhalt sprengt. Wenn Aleida Assmann dagegen auf ein Konzept von Identitäten setzt, die sich wandeln, die sich den Veränderungen und Anforderungen der Umwelt jenseits der Identitäts-Gruppen stellen, die offene Kontakte und Solidarität zu alteritären Gruppen und Lebenskulturen ins Zentrum rücken, so steht sie im Einklang mit aktuellen Ansätzen der Transcultural Studies, die Kulturen nicht als abgeschlossene Einheiten verstehen, sondern die Fluidität und wechselseitige Durchdringung von kulturellen Praktiken und Vorstellungen durch Räume und Zeiten zum Thema machen. Das ist eine deutliche Abgrenzung gegen die inhärenten Gefahren des Begriffs der Identität – aber es bleibt ein Spiel mit dem Feuer, vor dem die Kritiker warnen.

Sobald man in das Konzept der Kultur die Stiftung von und das Recht auf Identität einführt, wird »Kultur« politisch und sozial manipuliert. Denn der Bezug auf Identität hat seinen Preis. Ungeachtet dessen, ob man »kulturelle Identität« als statische Norm oder als im Wandel begriffene Selbstbestimmung versteht, sie setzt immer ein »Selbst« gegen die »Anderen«. Dies »Selbst« der Identität ist schwer ohne einen Kern von »Selbigkeit«, das heißt von in sich kohärenter Einheit und Stabilität der Identitäts-Gemeinschaft zu denken. Auch wenn die wissenschaftliche Analyse feststellt, dass »kulturelle Identität« in einem steten Wandel begriffen ist und Grenzen zu anderen Identitäten überspielt: Identität verliert durch Wandelbarkeit nicht ihren fundamentalistischen Charakter. Die Träger der Identität selbst gehen in ihrem Bewusstsein und ihren Intentionen zumeist von der jeweils stabilen Geltung und der klaren Abgrenzung ihrer Identitäts-Normen gegen andere Identitäten aus. Darum wird kulturelle Fluidität von

»identitären« Kräften bekämpft: Daher der Ruf nach einer normativen »Leitkultur«.

Moderne Gesellschaften entwickeln sich jedoch mehr und mehr zu vielfältigen und heterogenen Gemeinschaften, die aus kontingenten Ursachen, Motiven und Schicksalen zusammengekommen sind. Und in mehr oder minder starkem Maß gilt eine solche Inhomogenität auch für die meisten vormodernen Gemeinschaften, nicht zuletzt für die Städte und Reiche der griechischen und römischen Antike, in denen unterschiedliche soziale Gruppen mit unterschiedlicher Lebenskultur zusammenlebten. In solchen Gemeinschaften gelang und gelingt das Zusammenleben umso besser, je mehr sie sich nicht als Identitäts-Gemeinschaften mit starken Bedingungen der Zugehörigkeit, sondern als vorgegebene, kontingente Lebensgemeinschaften mit gegenseitiger Verantwortung verstehen. Das schließt ein, dass kulturelle Diversitäten nicht im emphatischen Sinn als identitäre und alteritäre Wesensarten, sondern auf einer niedrigeren Stufe als unterschiedliche kulturelle Praktiken und Vorstellungen gewertet werden, die den Brückenschlag mit einem interkulturellen Verständnis erleichtern.

Vertreter der Traditionen berufen sich gerne auf das ehrwürdige griechische Motto, das an dem Tempel des Apollon in Delphi geschrieben stand: »Erkenne dich selbst« (gnōthi seautón): Man müsse sich selbst erkannt haben, um die anderen verstehen zu können. Und dabei überträgt man diese an den individuellen Menschen gerichtete Aufforderung auf kollektive Gemeinschaften. Doch selbst wenn man diese Übertragung konzediert, ist sie als Leitsatz heutiger Konzepte von Identität völlig ungeeignet. Denn die antike Aufforderung zur Selbsterkenntnis ist gerade nicht eine Behauptung der Autonomie eines individuellen oder kollektiven Selbst, sondern eine Mahnung zur Relativierung, zur Bewusstmachung der eigenen Begrenztheit und Schwäche im Angesicht der Götter und im Kontext der Welt. Also das diametrale Gegenteil der gegenwärtigen nicht hintergehbaren Ansprüche, die sich in den Konzepten der Identität zur Geltung bringen.

Gegenstimmen mehren sich. Florian Coulmas hat die Gegenwart als »Das Zeitalter der Identität« (2019) diagnostiziert, in dem das »Gespenst der Identität« wie der Geist aus der Flasche gelassen wurde und die sozialen, politischen und psychologischen Diskurse in einer ebenso unausweichlichen wie beunruhigenden Weise beherrscht. Noch entschiedener beschreibt soeben Yascha Mounk unter dem Titel »Im Zeitalter der Identität. Der Aufstieg einer gefährlichen Idee« (2023) die »Identitäts-Falle« als Ergebnis von wohlmeinenden kulturpolitischen Positionen, mit denen Identitäten unterprivilegierter Gruppen um der sozialen Gerechtigkeit willen gestärkt werden sollen, die aber kontraproduktiv auf eine unausweichliche Fraktionierung und Polarisierung der Gesellschaften hinwirken.

EIN PAAR PROBLEMATISCHER BEGRIFFE

Die folgenden Überlegungen haben zum Ziel, die Begriffe Identität und Alterität auf ihre Bedeutungen und Implikationen für das Verständnis historischer, insbesondere der antiken Kulturen hin zu beleuchten. Angesichts der unübersichtlichen Vielzahl der vorliegenden Stimmen zu dem Thema kommt es mir nicht darauf an, wie neu diese Überlegungen sind. Es soll nur versucht werden, Positionen zu klären.

Vorweg: Die beiden Begriffe Identität und Alterität sind nicht in den Selbst-Beschreibungen der antiken Gesellschaften vorgegeben, sie entziehen sich darum einer eigensprachlich-begriffsgeschichtlichen, das heißt: einer emischen Untersuchung. Es sind heutige, also etische wissenschaftliche Kategorien, hochsensible Instrumente des Historikers, die zum Verständnis der antiken Gesellschaften angewendet werden – mit einem erhöhten Risiko des anachronistischen Missverstehens. Als Begriffe aus heutiger Perspektive sind sie zwar nicht *eo ipso* der Antike unangemessen, sie erfordern aber besondere selbstkritische Aufmerksamkeit, die sich dieser Sicht von außen immer bewusst bleibt.

Moderne Sozialtheorien haben die Kategorie der Identität in sehr allgemeiner Weise auf die Antithese von Gleichheit und Differenz (»sameness« *versus* »difference«) begründet. Auf der Ebene des Individuums werden – um im Bereich antiker Gesellschaften zu bleiben – Identitäten als Vater, Mutter, Sohn, Tochter, Onkel etc., als Staatsmann, Feldherr oder Priester, auf der Ebene von Gruppen oder Gemeinschaften Identitäten als Bürger, Adelige, Epheben, Bauern, Sklaven oder Fremde benannt. Dass darin die Gefahr zum inflationären Gebrauch des Begriffs liegt, wird darin deutlich, dass die Antithese von Gleichheit und Differenz auf jede Art von Lebewesen und Gegenständen zutrifft. Auch Musiker unterscheiden sich von Handwerkern, Ringer von Diskuswerfern, ohne dass man sie mit dem existentiellen Begriff der Identität auszeichnen würde. Gegenstände der materiellen Kultur, Gefäße oder Werkzeuge, die in verschiedenen kulturellen Gemeinschaften unterschiedliche Formen haben, wird man nicht mit fundamentaler Emphase als Zeugnisse von unterschiedlichen Identitäten interpretieren. Nicht jede Gleichheit macht eine Gruppe aus, nicht jede Gruppe entwickelt Identität. Identität *versus* Alterität muss mehr sein als Gleichheit versus Differenz.

Allgemein wurde die Bedeutung von Identität in einem kaum mehr zu überblickenden Spektrum von Kategorien ausdifferenziert, um sie der Vielfalt der zu erfassenden Phänomene anzupassen: individuell – kollektiv, naturwüchsig – historisch gewachsen – konstruiert, Außensicht – Innensicht, unbewusst – bewusst, objektiv – subjektiv, implizit – explizit, materiell – psychologisch – ideologisch, stabil – flüssig – dynamisch, geschlossen – offen, homogen – vielfältig, singular – multipel, normal – normativ, deskriptiv – praeskriptiv, habituell – okkasionell, schwach – stark, locker – dicht, und sicher manches mehr. Die Forschung hat sich mit großer theoretischer Energie der Herausforderung gestellt, ob und in welchem Sinn angesichts dieser Vielfalt der Phänomene von Identität gesprochen werden kann. Die Frage liegt jedoch nahe, wie hilfreich es ist, ein derart immenses Panorama unter dem einen generalisierenden Begriff der Identität zu fassen.

Brubaker und Cooper haben darauf hingewiesen, dass die Vielzahl der Formierungen menschlicher Gruppen von dem vereinheitlichenden und maximalistischen Begriff der Identität nicht in der nötigen Differenziertheit erfasst wird. Menschliche Gruppierungen können sehr unterschiedlich begründet sein, politisch oder sozial, kulturell oder religiös, nach Geschlechtern oder Altersstufen, und so fort. Und die Komponenten können nach Mischung und Intensität stark variieren. Die beiden Autoren haben dafür eine Skala von weniger prätentiösen Beschreibungen vorgeschlagen: »identification and categorization«, »self-understanding and social location«,

»commonality, connectedness, groupness«. Damit wäre sicher viel gewonnen. Man kann darüber hinaus überlegen, ob man angesichts der fluiden Vielfalt überhaupt auf eine feste Taxonomie verzichten und eine flexible Wissenschaftssprache anstreben sollte, die die Formierung von Gemeinschaften zunächst nicht in einem subjektiven Gefühl der kollektiven Gemeinschaftlichkeit, sondern in ihrer funktionalen Komplexität, in der faktischen gelebten Zugehörigkeit und Zusammengehörigkeit und in einem Netz von kulturellen Ressourcen, Techniken und Praktiken, Ein- und Vorstellungen zu erfassen sucht. Eine solche Empfehlung zur generellen Eliminierung des Begriffs der Identität ist angesichts seines fest etablierten Gebrauchs sicher nicht realistisch, aber die Überlegung könnte zumindest dazu führen, den Begriff sparsam und mit differenzierenden Erklärungen zu verwenden.

Zwei Stufen von Selbstheit und Andersheit. Identität und Alterität sind nicht objektive historische Tatbestände, sondern kulturelle Konstruktionen, nämlich subjektive Bestimmungen von Selbstheit und Andersheit. Insofern hängt die gegenwärtige Konjunktur der Kategorien Identität und Alterität mit einem neuen Begriff der Kultur zusammen: Kultur wird nicht mehr als ein essentieller Wesenszug von klar definierten Gemeinschaften verstanden, sondern als konstruktive Produktion durch dynamische, sich immer wieder ändernde

Gesellschaften, als von ihnen selbst geschaffenes und weiterentwickeltes Netz der Sicht auf die Welt, der Stiftung von Sinn und der kulturellen Praktiken. Nicht als unverrückbare Eigenschaft und unveräußerlicher Besitz, sondern als flexibles Instrumentarium der Bewältigung und Gestaltung des menschlichen Lebens. Mit diesem Schritt von einem essentialistischen zu einem konstruktivistischen Konzept der Kultur hängt weiterhin die neue Aktualität des »Kulturellen Gedächtnisses« zusammen, das ebenfalls nicht mehr als ein memorialer Speicher von objektiv vorgegebenen Fakten der Vergangenheit verstanden wird, sondern als ein subjektives Instrument der Fokussierung auf die Vergangenheit und der selektiven Sinngebung für die Vergangenheit im Hinblick auf die eigene Welt. In diesem Sinn werden Kultur, Gedächtnis und Identität radikal aus der Perspektive ihrer Träger konzipiert und verstanden.

Kulturelle Techniken und Praktiken, Institutionen und ideelle Vorstellungen werden in kollektiven Gemeinschaften entwickelt und realisiert, aber nicht, um Identität zu schaffen, sondern um gemeinsam das Leben zu bewältigen und sich in der Welt zu orientieren. Je mehr dann diese kulturellen Gemeinschaften mit anderen Gemeinschaften in Kontakt kommen, *können* sie sich ihrer Unterschiede bewusst werden; wenn sie weiter darüber reflektieren, *kann* es dazu kommen, dass sie darin spezifische eigene Eigenarten erkennen: dass sie spezifische

Leitprinzipien des Vollzugs ihres Lebens und des Verständnisses ihrer Welt sehen, dass sie sich bewusst entsprechend diesen Unterscheidungen verhalten und sie zu konstitutiven Faktoren ihres Selbstverständnisses als kollektive Einheiten erklären und in die kulturelle, soziale und politische Praxis umsetzen.

Dabei ist aber zunächst entscheidend, dass gemeinsame kulturelle Eigenheiten und Praktiken nicht *als solche* zur Bildung von Gemeinschaften führen, sondern nur ein mehr oder minder starkes praktisches Potential dazu besitzen. Die Summe von Fahrradfahrern, Corona-Geimpften oder Vegetariern ist als solche keine Identitäts-Gemeinschaft, sondern wird erst dazu, wenn die betreffenden Individuen die betreffende kulturelle Praxis konzeptuell-ideologisch zum Grundprinzip einer gemeinsamen kollektiven Identität erheben. Das ist nicht selbstverständlich und hängt von verschiedenen Umständen ab: In der Antike haben soziale Eliten schon früh, städtische Bürgerschaften erst später, Menschen mit bestimmten Berufen oder sexuellen Orientierungen nie ausgeprägte Einstellungen gemeinsamer Identität ausgebildet.

Unter diesen Voraussetzungen, und angesichts des inflationären und verwässerten Gebrauchs der Begriffe, stellt sich zuerst die Aufgabe, genauer zu bestimmen, wonach wir suchen, wenn wir nach Selbstheit und Andersheit fragen.

Dabei sind m. E. grundsätzlich zwei Stufen zu unterscheiden, die zwar nicht kategorisch voneinander getrennt sind, aber doch unterschiedliche Perspektiven bezeichnen: eine primäre Stufe der objektbezogenen Identität, im Sinn der faktischen Bestimmung von Individuen und Kollektiven und eine sekundäre Stufe der subjektbestimmten Identität, im Sinn einer ideellen Selbstbestimmung von Personen und Gemeinschaften. Ein beträchtlicher Grund für die Probleme des Begriffs Identität liegt darin, dass er unterschiedslos auf diesen beiden Stufen verwendet wird.

Faktische (Merkmals-)Identität. Die objektbezogene Bestimmung von Individuen und Kollektiven erfasst deskriptiv und analytisch deren konstitutive Merkmale, durch die sie als solche erkannt und »identifiziert« werden. Diese faktische Identität entspricht im Wesentlichen einer Perspektive von außen, aus der Individuen und Kollektive beschrieben, definiert und identifiziert werden. Bei menschlichen Gemeinschaften sind das Faktoren wie die sozialen Strukturen und Verhaltensformen, die politischen Institutionen und religiösen Kulte, die materielle Kultur, die ideellen Vorstellungen und die ethischen und weltanschaulichen Sinnkonzepte, die im Bereich dieser Gemeinschaften in Gebrauch und in Geltung sind. Gemeinschaften können durch diese Faktoren zwar nicht exklusiv definiert werden, da die betreffenden kulturellen Güter, Praktiken und Vorstellungen auch von anderen Gemeinschaften übernommen werden können, aber sie können durch das Netz der von ihnen praktizierten Lebenskultur beschrieben werden. Je nach der spezifischen Dichte von Gemeinschaften manifestiert sich deren Zusammengehörigkeit in einer mehr oder minder gemeinsamen Lebenskultur im weitesten Sinn.

Jedoch: Wenn in diesem Sinn alle kulturellen Formen, die in einer Gemeinschaft vorzufinden sind, als Identität und alles außerhalb dessen als Alterität subsumiert wird, dann werden die Begriffe sehr allgemein und umfassend: Kollektive »Identität« als eine Summe von kulturellen Gütern, Praktiken und Vorstellungen, die einer Gemeinschaft eigen sind, tritt dabei mehr oder minder, und ohne größeren Gewinn an begrifflicher Präzision, an die Stelle dessen, was man früher als die »Eigenart« von Völkern bezeichnet hat. Gegenüber diesem eher blassen Begriff suggeriert »Identität« einen deutlich höheren Anspruch im Sinn einer der Gemeinschaft eigenen Substanz, der die konkreten kulturellen Phänomene untergeordnet werden. Wenn man in diesem deskriptiven und analytischen Sinn an dem Begriff der Identität festhalten will, so wäre es sinnvoll, die Vielzahl der sozialen und kulturellen Phänomene nicht pauschal als Mittel zur Bestimmung von Identitäten zu benutzen, sondern die Phänomene der kulturellen Güter und Praktiken, der sozialen und politischen Institutionen und der ideellen und religiösen Vorstellungen als solche in den Vordergrund zu rücken, zu beschreiben und zu analysieren. Unterhalb des einen, zwischen Beschreibung und Bewusstsein oszillierenden und egalisierenden Begriffs der »Identität« würden zahlreiche, mehr objektbezogene Begriffe wie das (gemeinsame) kulturelle, soziale, politische »Repertoire«, »Profil«, »Netz« oder »System«, die kulturelle »Welt« oder auch »Lebenskultur« stehen. Die individuellen und kollektiven Akteure wären nicht in ihrer Identität, sondern in ihrem sozialen Status und ihren Funktionen, Rollen und Aktionen zu beschreiben. Die dabei entstehende oder zugrundeliegende faktische Kohäsion wäre mit Begriffen wie »Zugehörigkeit«, »Zusammengehörigkeit« und »Gemeinschaftlichkeit« zu fassen.

Normativ-fundamentale (Wesens-)Identität. Eine neue, sekundäre Stufe wird beschritten, wenn der Begriff der Identität nicht im Sinn einer objektbezogenen Beschreibung von Gemeinschaften und ihren Lebenskulturen eingesetzt wird, sondern in dem subjektbezogenen Sinn eines Bewusstseins der Gemeinschaft selbst von ihrer normativen »Selbstheit« verwendet wird, von dem was sie fundamental ist, sein will und sein soll. Diese normativ-fundamentale Identität entspringt zumeist einer Perspektive von innen und auf sich selbst. Auslöser sind oft Erfahrungen bei Kontakten mit anderen Gemeinschaften, wenn dort andere kulturelle Formen herrschen, die

die selbstverständliche Geltung der eigenen Lebenskultur in Frage stellen. Dabei sind verschiedene Stufen der Emphase zu beobachten, mit der kollektive Identität ausgebildet und proklamiert werden kann: Auf einer ersten Stufe steht das Bild, das Gruppen und Gemeinschaften mehr oder minder bewusst von sich selbst ausbilden und in dem sie sich selbst verstehen. Auf einer zweiten Stufe steht die intentionale Repräsentation, mit der sie sich in ihrem Auftreten wie in ihren Manifestationen in Texten und Bildern als Gruppen und Gemeinschaften darstellen. Auf diesen beiden Ebenen wird man eher von »Selbstbild« und »Selbstdarstellung« sprechen. Auf einer dritten Stufe stehen die expliziten ideellen und ideologischen Konzepte und die existentiellen Ansprüche, mit denen Gemeinschaften ihre »Selbstheit« zur Geltung zu bringen und ihre Anerkennung durchzusetzen suchen. Dies ist die Ebene einer »Identität«, die sich in emphatischer Weise ihrer selbst bewusst ist.

Identität in diesem Sinn ist die emphatische Antwort auf die emphatische Frage: Wer bin ich? Wer sind wir? Wer wollen wir sein? Welche kulturellen und ethischen Vorgaben unterscheiden und konstituieren uns als Gemeinschaft gegenüber allen »Anderen«? Und welche dieser Unterschiede halten wir für nicht verhandelbar, für »starke« Werte im Sinn von Charles Taylor, ohne unsere Identität aufzugeben?

In dieser Bedeutung ist Identität nicht nur ein Konzept davon, sondern auch ein Anspruch darauf, was man selbst ist, wesensmäßig und unumstößlich. Sie impliziert ein bewusstes Insistieren darauf, dass und inwiefern dies »Selbst« sich grundsätzlich von den »Anderen« unterscheidet. Da das »Eigene« auf dieser Stufe nicht mehr neutral beschrieben, sondern aus der Perspektive des Selbst privilegiert wird, erhält hier auch das »Andere« einen wertenden, tendenziell abwertenden und abweisenden Charakter: Aus deskriptiver Differenz wird antithetische Alterität. Mit dieser Emphatisierung erhalten Zugehörigkeit und Andersartigkeit eine politische und soziale Dynamik, die leicht außer Kontrolle gerät.

Selbstverständlich sind die beiden Stufen der kulturellen Zugehörigkeit und der normativen Identität nicht strikt voneinander zu trennen: Die subjektbezogene intentionale Identität ist eine existentielle Emphatisierung der objektbezogenen deskriptiven Zusammengehörigkeit. Doch bei diesem Prozess der Transformation finden Bewusstmachungen, Selektionen und Radikalisierungen statt, die Aufmerksamkeit und Wachsamkeit erfordern.

Auf den beiden Stufen aber finden jene beiden Tendenzen statt, von deren Problematik hier die Rede sein soll. Auf der Stufe der Beschreibung kommt es zu dem inflationären Gebrauch des Begriffs der Identität, mit dem die verschiedensten kulturellen Phänomene, Praktiken und Gegenstände überfrachtet werden. Und auf der Stufe der normativen Konzepte werden im Namen der Identität absolute selbstbezogene Ansprüche erhoben, die die Aushandlung zwischen den Akteuren stark erschweren und zu fundamentalen »identitären« Konflikten führen können.

KONSTRUKTIONEN VON IDENTITÄT UND ALTERITÄT

Worin besteht, und auf welche Weise geschieht, die Konstruktion von Identität und Alterität? Francesco Remotti hat darauf hingewiesen, dass menschliche Individuen und Gemeinschaften grundsätzlich partiell einander ähnlich und partiell voneinander verschieden sind, im Sinn der primären deskriptiven Stufe von Selbstheit und Andersheit. Ob unter dieser Voraussetzung zwischen Gemeinschaften ein Verhältnis der Verwandtschaft oder der Fremdheit im Vordergrund steht, hängt von der Perspektive der Betrachter ab: Im antiken Griechenland sind die ionischen Athener und die dorischen Spartaner stark divergent, gegenüber Ägyptern und Persern aber stark konvergent. Griechen, Ägypter und Perser wiederum schließen sich gegenüber den umliegenden Kulturen Asiens, Afrikas und Europas enger zusammen. Dasselbe gilt bis heute für das Verhältnis von Bayern und

Preußen, Deutschen und Franzosen, Europäern, Asiaten und Afrikanern. Auf dieser Grundlage ist die Setzung von Grenzen zwischen Zugehörigkeit und Andersartigkeit, zwischen Identität und Alterität, nie ein vorgegebenes Faktum, sondern immer ein Akt subjektiv-konstruktiver Entscheidung der betreffenden Entitäten. Ob Ionier und Dorer, Bayern und Preußen sich als Antithesen begreifen oder sich gegenüber den Persern bzw. Franzosen als Einheit sehen, wechselt je nach Einstellung. Die mentalen Grenzen könnten jeweils auch anders gezogen werden.

Auf der primären Stufe der faktisch wahrgenommenen »deskriptiven« Diversität von Individuen und Gemeinschaften können Fähigkeiten eines von Normen geleiteten Umgangs mit den »Anderen« entwickelt werden. Die Geltung der Normen beruht darauf, dass auch die anderen Individuen und Gemeinschaften in ihrer Verschiedenheit untereinander wahrgenommen und anerkannt werden. In Köln sagt man »Jede Jeck is anders« – ohne dass damit die Kohäsion der Kölner in Frage gestellt würde.

Dagegen schafft die sekundäre emphatische Setzung von Identität und Alterität starke bipolare Spannungen von höherer Intensität und mit potentiellen Konflikten. Identität von Personen und Gemeinschaften wird vielfach zu einer Art fundamentalen Grundrechts erhoben, das sich rationaler Kritik weitgehend zu entziehen droht.

Auf diese Weise erhalten die Abgrenzungen zur Alterität und der Kampf gegen die »Anderen« eine problematische Begründung, die ihnen eine scheinbare Unumstößlichkeit verleiht. Identität macht den Anspruch einer Letztbegründung; gegen Identität lässt sich schwer argumentieren. Dabei wird die eigene Welt, unter Vernachlässigung ihrer internen Diversität, zu einem einheitlichen Block geschmiedet; entsprechend wird die Außenwelt in ihrer Unterschiedlichkeit nivelliert und als mehr oder minder einheitliche Gegenwelt zu der eigenen Welt konstruiert. Es geht um Recht auf und Kampf um Identität gegen Alterität. Unter dieser Voraussetzung werden Normen-geleitete Formen des Umgangs erschwert oder gar außer Kraft gesetzt und psychische Reaktionen freigesetzt, mit Gefühlen der Bedrohung und Impulsen zur Aggressivität.

Das Konzept der emphatischen Identität, das politische und kulturelle Gemeinschaften als ihr Recht einfordern, ist darum weniger unschuldig als es oft scheint. Lutz Niethammer hat auf den Zusammenhang von Kultur und Gewalt hingewiesen, der kollektiven Identitätsbestimmungen inhärent ist, und Francesco Remotti hat die Tendenz ideologischer Identitäten betont, ihre Macht in aller Welt und über alle Zeiten auszudehnen und durchzusetzen. Doch auch, wenn man nicht gleich Hitlers »Tausendjähriges Reich« im Blick hat, bleiben in der alltäglichen Identität bedrohliche Perspektiven.

Zum einen besitzt das Konzept der Identität ein hohes Potential des Ausschließens: Wer nicht zur Identitätsgruppe gehört, ist nicht nur deskriptiv verschieden, sondern wird konzeptionell in eine Opposition zur eigenen Gruppe gestellt. Das gilt nicht nur international für Identitätsgruppen wie Europäer und Afrikaner, Israelis und Araber, sondern auch national: Auch im Inneren von Gemeinschaften entfaltet das Konzept der Identität vielfach eine Kraft der Abschließung und Einbunkerung. Noch im gegenwärtigen Deutschland verhindern stereotype Identitäts-Zuschreibungen die Integration von »Osten« und »Westen«.

Zwar wird immer wieder darauf insistiert, dass Identitäten keine vorgegebenen und statischen Eigenheiten von abgegrenzten kollektiven Einheiten, sondern variable kulturelle Konstruktionen von multiplen sozialen und politischen Entitäten mit fluiden Grenzen und durchlässigen Übergängen sind. Doch dann wird es schwierig, überhaupt noch zu bestimmen, worin Identität besteht. Ohne einen irgendwie stabilen Kern von »Selbigkeit« eines individuellen oder kollektiven Subjekts – ein »idem«, lateinisch »dasselbe« – ist Identität schwer zu denken. Das bekannte Motto »Die Dinge müssen sich ändern, damit sie gleich bleiben« lässt die Frage unbeantwortet, was und wie viel sich ändern kann und was das ist, das gleich bleibt

Die politische Realität zeigt jedenfalls, dass religiöse,

kulturelle und kriegerische Konflikte weltweit nicht mit fluiden Einstellungen, sondern mit prästabilisierten Konzepten von Identität geführt werden. Das liegt daran, dass Identitäten, auch wenn sie sich de facto ändern, doch mit dem Habitus und dem Anspruch auf fundamentale Geltung auftreten.

Die »Selbigkeit« der Identität wird zum Problem, sobald man es unternimmt, die Identität mit einem Inhalt zu begründen. Auf der einen Seite lebt in wertkonservativen Vorstellungen die immer noch nicht überwundene – früher oft uneingeschränkte, heute eher uneingestandene – Verankerung kollektiver Identität in (quasi) naturwüchsigen Vorgaben fort, vom »Volkscharakter« bis zum extremen Konzept der Rasse. Darin ist die Konsequenz von unverrückbaren Abgrenzungen nach außen vorgezeichnet, die keiner weiteren Begründungen bedürfen. Die Erfahrung, in welche Katastrophen das geführt hat, kommt in der heute vorherrschenden Absicherung gegen jede Tendenz zur Essentialisierung von Identitäten zum Ausdruck. Auf der anderen Seite steht die immer wieder beschworene Begründung kollektiver Identität auf gemeinsamen ideellen Wertvorstellungen wie Menschenrechten, Rechtsstaatlichkeit, persönlicher Freiheit. Das ist jedoch nichts als ein wohlgemeintes Passepartout, da solche Werte immer allgemeinere Geltung haben, sogar universelle Geltung beanspruchen, und darum nicht die Einheit spezifischer Identitäts-Gruppen begründen können (s. unten).

Zwischen diesen Optionen steht als drittes Konzept eine kulturelle Identität, die Gemeinschaften auf gemeinsame kulturelle Traditionen, Bräuche und Praktiken, soziale Strukturen und Institutionen, literarische und künstlerische Erbschaften, geistige und religiöse Vorstellungen begründet. Seine prägnanteste aktuelle Ausprägung hat dies Konzept in dem Begriff des kulturellen Gedächtnisses erhalten. Doch auch die Verbindung von Identität und kulturellem Gedächtnis ist weniger harmlos, als es oft dargestellt wird. Kulturelles Gedächtnis bedeutet die kollektive Erinnerung einer Gemeinschaft an fundierende Ereignisse und Personen, materielle und ideelle Vermächtnisse der Vergangenheit, die zur autoritativen Grundlage der Identität erhoben werden. Diese Erinnerung ist aber in allen pluralistischen Gesellschaften notwendigerweise segmentiert. Wer nicht dieselben kulturellen Erinnerungen an dieselbe kulturelle Vergangenheit besitzt – Beispiele sind aus allen Krisengebieten der Welt bekannt –, kann sich kaum einen Zugang zu der dominanten Gedächtnis-Gemeinschaft verschaffen. Und je emphatischer die vorherrschenden Identitäts-Erinnerungen werden, desto größer ist die Gefahr, dass andere Gruppen mit konträren Narrativen reagieren. Jan Assmann hat oft auf das Konflikt-Potential kultureller Erinnerungen hingewiesen. Kultur, auch kulturelles Gedächtnis, wird leicht zur zweiten Natur: Bis heute liegt in allen emphatischen politischen Identitätsbildungen eine latente Gefahr der Naturalisierung.

Mit dieser potentiellen Exklusivität ist weiterhin eine ebenfalls latente Tendenz zur konservativen Erstarrung verbunden. Vom Wortsinn her bedeutet Identität: sich selbst gleich sein und seinem Wesen treu bleiben. Treue zu sich selbst, zu den eigenen Werten und Traditionen, ist bis heute weithin ein Wert für sich, nahezu unabhängig von den möglicherweise problematischen Inhalten, denen die Treue gilt. Zwar wird nicht ohne Recht darauf hingewiesen, dass die Traditionen der Identität nicht statisch sind, dass sie sich vielfach wandeln und neu erfunden werden. Aber dabei bleibt es eine Tatsache, dass Veränderung und rationale Infragestellung nicht zur Substanz des Konzepts Identität gehören, sondern sich allenfalls gewissermaßen gegen den Begriff einstellen. Identitäten erheben den Anspruch auf dauerhafte Geltung, und wenn sie sich gleichwohl wandeln, so sind auch die gewandelten Identitäten wieder intentional auf Dauer angelegt. Damit werden grundlegende Veränderungen zumindest nicht gefördert.

Allgemein begründet das Konzept der kollektiven Identität seine Kraft zumeist weniger auf rationalen Optionen, sondern auf irrationalen Gefühlen und Sehnsüchten. In Bayern heißt das in einer kaum zu übertreffenden tautologischen Schlichtheit: »Mia san mia«

Abb. 1: Demonstration der Identitären Bewegung in Berlin

(deutsch: »Wir sind wir«). Diese Gefühls-Identität behält meist auch dann noch Bestand, oder wird zumindest hingenommen, wenn sie problematisch oder bedrohliche Züge annimmt. Identität lädt wenig zur Distanz von und zur Kritik an sich selbst ein.

Warnungen vor der Euphorie der Identität sind längst ausgesprochen, aber selten ernst genommen worden. Inzwischen haben rechtsradikale »Identitäre Bewegungen« sich den Begriff auf die Fahnen geschrieben (Abb. 1) – und man kann nicht einmal sagen, dass sie ihn missbrauchten: Sie legen ihn nur extremistisch aus.

ANTHROPOLOGISCHE KONSTANTEN?

Grundsätzlich sind die Erfahrung und die Vorstellung der Welt, wie auch das Handeln in der Welt, von der allgemeinen anthropologischen Vorgabe der Antithese von Selbst und Außenwelt geprägt. Von dieser anthropologischen Dimension der Bildung von Persönlichkeit kann hier nicht die Rede sein. Anders steht es mit dem emphatischen Konzept der subjektiv-normativen Identität in der Antithese zur Alterität. Bei diesem Konzept ergibt sich die Grundfrage, die selten gestellt wird: ob Identität und Alterität in dem hier angenommenen emphatischen Sinn universelle anthropologische Kategorien sind, oder ob sie spezifische Aggregatszustände bestimmter historischer Gesellschaften anzeigen.

Nachdenklich macht dabei der Umstand, dass das Konzept und der Begriff der kollektiven Identität, mehr noch als das der Alterität, erst seit den 1970er bis 1990er Jahren ins Zentrum der gesellschaftlichen Diskurse gerückt sind. Selbstverständlich bedeutet das Fehlen des Begriffs in früheren Epochen nicht, dass es damals die Phänomene und Symptome der kollektiven Identität nicht gegeben hätte. Dennoch bedeutet es eine neue Stufe, wenn das Konzept der Identität als existentielles Fundament von Gemeinschaften in die Diskurse einge-

Abb. 2: Selfie von Touristen vor dem Brandenburger Tor

führt wird. Die Begriffe der Identität und Alterität haben eine längere Vorgeschichte, aber in einem anderen Sinn: mit Fokus auf individuelle Identitäten und Rollen. Ihre neue Aktualität in den letzten zwei Generationen hängt mit einer neuen Fokussierung auf kollektive Identitäten von größeren Gemeinschaften zusammen, im Sinn einer gemeinsamen Kultur, begründet auf ein gemeinsames kulturelles Gedächtnis. Es ist oft gesagt worden, dass dieser *turn* durch die globale Entgrenzung der Lebenswelt und den neuen post-kolonialen Multikulturalismus bedingt ist, durch die ein neues Bedürfnis nach kultureller Selbstbestimmung und Selbstreflexion in begrenzten Gemeinschaften entstanden ist.

Was besagt das für die historische Reichweite der Begriffe? Wie ist man früher ohne sie ausgekommen, einerseits in den Wissenschaften von historischen und gegenwärtigen Gesellschaften, andererseits im Leben der Gesellschaften selbst?

Heute leben wir in einem Zeitalter des Selfies (Abb. 2). Die Photographie des Ich ist die Technik einer Epoche der obsessiven Selbstbezogenheit, der Selbstbehauptung, der Selbstbestimmung, nicht zuletzt des Selbstmitleids. Das gilt individuell wie kollektiv, und es hat sicher viele Spielarten in den verschiedenen Teilen der Welt. In den Gesellschaften des Westens wird die Wahl des Berufs heute mehrheitlich nicht als Beitrag zum Wohl der Gesellschaft, sondern als persönliche Selbstfindung betrieben. Die evangelische Kirche (Heidelberg), von der man Aufrufe zur Nächstenliebe erwartet, warb zu einer Veranstaltung mit dem Titel »Ich: Evangelisch«. Die nationale Politik orientiert sich an »Leitkulturen« der Identität. Die Folgen sind in Europa wie im Vorderen Orient zu sehen, wo im Namen der Identität Unrecht, Unterdrückung und Vernichtung von »Anderen« gerechtfertigt werden. Kulturelle Identität wird als ein sakrosanktes Recht angesehen, das nicht nur gegen Angriffe von außen verteidigt, sondern auch nach außen gegen Widerstände durchgesetzt wird, werden muss und werden darf.

Identität und Alterität erweisen sich zumindest potentiell als Konzepte der Defensive wie der Aggression.

Bei einem Blick auf die Geschichte wird man zweifeln, ob in allen historischen Gesellschaften die Bedürfnisse der Selbstbeschreibung, die Fragen »Wer bin ich?« und »Wer sind wir?« in gleichem Maß im Zentrum der Aufmerksamkeit und des sozialen und politischen Handelns standen. Und wenn überhaupt, ob sie in allen Situationen des Lebens gestellt wurden und handlungsbestimmend waren. Um bei den antiken Griechen zu bleiben: Es wäre immerhin denkbar, dass sie vielfach andere, konkretere Sorgen und Anliegen hatten, als »wer sie sind«; dass sie nicht überall und immer auf der Meta-Stufe von emphatischer Identität und Alterität agierten, sondern zumindest in weiten Bereichen und über längere Zeiten ihres Lebens auf der primären Stufe ihrer faktischen kulturellen Praxis lebten. Schlicht gesagt: dass sie ihre Opfer vollzogen, um die Götter zu ehren, die athletischen Übungen betrieben, um die Körper auszubilden, zu Symposien zusammenkamen, um in Freundesgruppen zu feiern, nicht aber in erster Linie, um ihre griechische Identität zu demonstrieren.

Für die Geschichtswissenschaft impliziert die gegenwärtig starke Konzentration auf kollektive Identitäten, die als fundierende Kategorie jeder Art von Gemeinschaften vorausgesetzt werden, eine potentiell zunehmende Entfernung von den konkreten Phänomenen und Problemen der historischen Gesellschaften. Soziale Praktiken, politische Institutionen, religiöse Rituale werden dann vornehmlich als Mittel für die allgemeine Bildung von Gemeinschaften untersucht, die spezifischen Formen, Funktionen und Intentionen können dabei leicht in den Hintergrund treten. Identität als solche ist weitgehend unabhängig von Inhalten: Sie kann durch gemeinsamen religiösen Glauben, gemeinsame soziale Verhaltensweisen oder gemeinsam favorisierte Fußballmannschaften entstehen. Unter einer vom alles überwölbenden Interesse an Identität geprägten Fragestellung verliert die historische Vergangenheit oft viel von ihrer »fremden« sachlichen Substanz.

Identität und Alterität sind jedoch in den verschiedenen historischen Gesellschaften mit sehr unterschiedlicher Intensität zur Geltung gekommen. Sie sind nicht universale kognitive Vorgaben, sondern mentale Konzepte von spezifischen Gemeinschaften, die in bestimmten Situationen der gefühlten Gefährdung als defensive oder offensive Motivationen mobilisiert werden können. Man wird daher zögern, die gegenwärtig ubiquitäre Suche nach Identitäten und Alteritäten selbstverständlich in den kulturellen Habitus früherer Gesellschaften zu projizieren.

An dieser Stelle empfiehlt sich ein Blick auf eine fremde Kultur, sei es der Gegenwart oder der Vergangenheit, um aus der Distanz einen Sinn für das Spektrum der Phänomene zu entwickeln, die im Konzept und im Begriff der kollektiven Identität impliziert sind. Dabei führt die begrenzte Kompetenz des Autors auf die Archäologie des antiken Griechenland. Aus jeder anderen Kultur wären vergleichbare Phänomene zu erwarten.

2.
ANTIKES GRIECHENLAND

ARCHÄOLOGIE, IDENTITÄT UND ALTERITÄT

Die Archäologie und Geschichtswissenschaft der Antike, wie auch anderer Epochen, haben immer wieder mit der Frage zu tun, in welcher Weise historische Gemeinschaften – Ethnien und Staaten, Regionen und Städte, soziale und kulturelle Gruppen, Geschlechter und Altersstufen – sich objektiv voneinander unterschieden und sich subjektiv gegeneinander abgrenzten. Wenn dabei die Begriffe der Identität und Alterität eine zentrale Rolle spielen, dann stellt sich die Frage, wie hilfreich sie tatsächlich sind? Ob ihr gegenwärtig ungemein weitreichender Gebrauch gerechtfertigt ist? Und wie weit dabei die Emphase normativer Identität im Spiel war?

Die griechische Welt hat sich, nach dem Zusammenbruch der so genannten mykenischen Königtümer des 2. Jahrtausends v. Chr., im 10.–6. Jahrhundert v. Chr. in einer Vielzahl von politischen Einheiten und gegliederten Gesellschaften neu formiert. Die historische Forschung hat ein komplexes Bild dieser »Ethnogenese« erarbeitet, die sich in einem Prozess von vielen Generationen vollzog. Dabei kam ein vielschichtiges Netz von Faktoren zur Geltung, die einerseits großräumige Kohärenz, andererseits kleinräumige Differenzierung bezeugen: Die griechische Sprache als Grundlage weitreichender Kommunikation, aber mit unterschiedlichen Sprachgruppen; die Lebensräume, gegliedert in Stadt, Land und wilde Natur; die politischen Gemeinschaften der Stämme (éthnē, Singular: éthnos) und Stadtstaaten (póleis, Singular: pólis) mit ihren spezifischen Institutionen; die gemeinsame Religion und Götterwelt mit ihren lokalen Varianten; die gemeinsamen Mythen der Vorgeschichte mit ihren lokalen Helden; genealogische Linien von der Frühzeit bis in die Gegenwart; gesellschaftliche Strukturen, soziale Klassen, Gruppen von Geschlecht und Alter, mit lokal variierenden Rollen, Praktiken und Ritualen; eine gemeinsame Lebenskultur mit vielfältigen lokalen und sozialen Differenzierungen.

Allgemein ist die Gliederung von größeren Gemeinschaften in Gruppen mit klaren Rollen und Funktionen grundlegend für das Zusammenleben. Die verschiedenen Einheiten, die sich in vielfältiger Weise überlagerten, entwickelten ihren Zusammenhalt in gemeinsamen politischen Aktionen, sozialen Praktiken, religiösen Ritualen und ideellen Vorstellungen, vielfach zugespitzt in politischen Konflikten und Kriegen. Die Frage ist, wie weit dabei ein weiterer Faktor der Identität wirksam war, der über diese Faktoren hinausgegangen wäre?

Selbstverständlich gab es in der Antike starke Konzepte der Identität und Alterität, die die Akteure in ihren Einstellungen und Praktiken des kulturellen und politischen Lebens prägten: mit Abgrenzungen der Griechen gegen andere Ethnien und Kulturen, von einzelnen Städten gegen andere Städte, von sozialen Gruppen gegen andere Gruppen, und so fort. Aber diese Konzepte waren nicht überall und immer in der gleichen Weise vorhanden, sie befanden sich in ständigem Wandel, die Grenzen waren fließend, von einer Epoche zur anderen, zwischen den verschiedenen Gemeinschaften und Gruppen, mit verschiedenen Intensitäten, von weitgehendem Fehlen bis zu emphatischer Bewusstheit.

Dabei sind die Zeugnisse der antiken Kulturen einer solchen Fragestellung grundsätzlich nicht günstig. Für die Schriftquellen wurde bereits gesagt, dass sie keine expliziten Begriffe der Identität und Alterität kennen: Sie müssen daher mit Sensibilität für die spezifischen Erfahrungen von Selbstheit und Andersheit gelesen werden, die möglicherweise nicht den heutigen Erfahrungen und Konzepten entsprechen. Daneben kommt den Gegenständen der materiellen Kultur eine besondere Bedeutung zu, da sie oft die einzigen erhaltenen Zeugnisse für diese Fragen sind. Doch diese Hinterlassen-

Abb. 3: Junge Frau mit Coca Cola

schaften können allenfalls einen indirekten Zugang zu Fragen der Identität eröffnen: Denn den Gegenständen als solchen ist es nicht anzusehen, wie sie von den historischen Trägern dieser Kulturen gewertet wurden. Die materiellen Gegenstände der Lebenskultur und die ideellen Kategorien der sozialen und ethischen Wertvorstellungen, die im Sinn von Identität und Alterität interpretiert werden könnten, sind für außen stehende Betrachter und Interpreten nur schwer in Verbindung zu bringen; für einen methodisch soliden Brückenschlag bedarf es meist zusätzlicher Informationen.

Beispiele aus der eigenen Zeit können das erläutern. Coca-Cola wurde seit den 1920er Jahren in Europa als

Abb. 4: Wang Guangyi: Great Criticism Series, gegen das Verbot von Coca Cola

trendiges Getränk aus Amerika eingeführt und hat seither einen festen Platz im Spektrum des weltweiten Freizeit-Konsums (Abb. 3). Doch 1949 wurde es im neugegründeten kommunistischen China verboten, bald wurde es von französischen Linken, im ganzen kommunistischen Ostblock und in der Arabischen Liga als Symbol amerikanischer Überfremdung boykottiert (Abb. 4), schließlich aber auch dort wieder wie in anderen Ländern als bedeutungsneutrales Produkt akzeptiert. Die Bedeutung als Symbol der kulturellen Identität ist den Flaschen und Dosen wie auch dem Getränk selbst nicht essentiell zu eigen, sondern ist ein Potential, das ihnen unter bestimmten Voraussetzungen zu- und wieder abgeschrieben werden kann. Künftige Archäologen, die sie einmal finden mögen, werden ihnen ihre Bedeutung nicht ansehen können. Um die Beispiele zu vermehren: Kopftücher, die vor 50 Jahren als attraktives Accessoire getragen wurden, sind heute als muslimisches Symbol heftig umstritten.

Die materiellen Gegenstände aus fremden kulturellen Kontexten erhalten ihre Bedeutung durch kulturelle und ideologische Zuschreibungen, und diese Zuschreibungen können stark variieren. Dabei ist Identität/Alterität nur eine von mehreren Optionen. Im 8. Jahrhundert v. Chr. wurde in Athen einem Verstorbenen eine Bronzeschale mit einem eingravierten Bildfries ins Grab gegeben, die aus Phönikien importiert war (Abb. 5). Es war eine Gattung von Luxusgefäßen, wie es sie in Griechenland damals nicht gab, von einer technischen Vollkommenheit der Metallbearbeitung, die dem eigenen Handwerk weit überlegen war, und mit Bildmotiven, die in einer in Griechenland ungewöhnlichen Weise Männer im beherrschenden Umgang mit Wildziegen, Stieren und Löwen zeigen. Wenn man aber danach fragt, welche Bedeutung sie für ihre Besitzer gehabt haben kann, so sind sehr unterschiedliche Erklärungen denkbar. Sie können sie wegen ihres ökonomischen Wertes geschätzt haben oder wegen ihres sozialen Prestiges; wegen ihrer ästhetischen Schönheit oder wegen ihrer Bildthemen; wegen ihrer materiellen Haltbarkeit oder wegen ihrer

Abb. 5: Phönikische Bronzeschale aus einem Grab in Athen. Athen, Kerameikos-Museum. 8. Jahrhundert v. Chr.

funktionalen Form – ob dabei aber Alterität, d. h. die Herkunft aus dem Orient und gar ein fundamentaler Gegensatz zwischen der eigenen und einer alteritären Kultur, überhaupt eine Rolle spielte, ist zunächst völlig offen.

Allgemein gesprochen: Die kulturelle Semantik materieller Gegenstände liegt nicht in ihnen selbst, sondern beruht auf den Bewertungen derer, die sie benutzen. Diese Bewertungen können auf unterschiedlichen Feldern der kulturellen Praxis liegen: sozial, ökonomisch, ästhetisch, religiös etc. Die Kategorien der Identität und

Alterität sind dabei nur eines von mehreren möglichen Paradigmen der Bewertung und damit der wissenschaftlichen Interpretation. Jedenfalls sollte man nicht selbstverständlich davon ausgehen, dass die Griechen sich in ihrer Lebenspraxis ständig bewusst gemacht haben, ob die Gegenstände ihrer Lebenskultur einer griechischen Identität entsprachen.

MATERIELLE KULTUR UND HISTORISCHE AKTEURE: DIE UNSICHTBARKEIT VON IDENTITÄT

In den archäologischen Wissenschaften richtet sich eine Grundfrage auf die Zusammenhänge zwischen den Gegenständen und Befunden der materiellen Kultur, die archäologisch nachgewiesen werden können, und den ehemaligen Akteuren, die man als Historiker erschließen möchte. Dabei geht es um zwei miteinander verbundene Fragen: zum einen um die Identifizierung der Träger der materiellen Kultur, zum anderen um die kulturellen Praktiken und Konzepte, die die Träger mit den materiellen Gegenständen verbanden.

Wenn man bei dieser Frage von den materiellen Gegenständen ausgeht, gerät man rasch an Grenzen. Es ist längst Gemeingut der archäologischen Forschung, dass die materielle Kultur kein essentielles Charakteristikum ethnischer Gemeinschaften ist, sondern ein rational geschaffenes Instrumentarium für soziale Praktiken mit kulturellen Bedeutungen. Dies kulturelle Repertoire kann nicht nur in der Zeit innerhalb derselben Gemeinschaft für neue Bedürfnisse und mit neuen technischen Fähigkeiten transformiert, sondern kann auch im Raum zwischen verschiedenen Gemeinschaften zu kleineren oder größeren Teilen transferiert werden – und kann darum kaum zuverlässig zur Identifizierung von Gemeinschaften politischer, ethnischer oder sozialer Träger dienen.

Die archäologische Forschung hat sich mit diesen Fragen besonders im Blick auf die zahlreichen Kontaktzonen zwischen den Kulturen der Griechen und Römer und den sehr verschiedenartigen Kulturen der benachbarten Ethnien in Europa, Asien und Afrika befasst. Sie hat hochdifferenzierte theoretische Ansätze zur Definition und zum Verständnis kultureller Identitäten entwickelt und hat dabei auch die Erfahrungen mit Kolonialismus, Entkolonialisierung und Post-Kolonialismus fruchtbar ins Spiel gebracht. Diesen Fragen kann hier nicht weiter nachgegangen werden. Wie wenig dabei jedenfalls die Annahme einer essentialistischen Verbindung zwischen materieller Kultur und ethnischen, politischen oder sozialen Gemeinschaften hilft, ist unstrittig.

Doch selbst wenn es einigermaßen sicher gelänge, aus typischen Gegenständen der Lebenskultur auf die

Akteure zu schließen, käme noch ein grundsätzlicheres Problem hinzu: Mit der Identifizierung der Akteure, ihrer materiellen Kultur und ihrer kulturellen Praktiken ist noch nichts für die Frage eines Bewusstseins von »Identität« gewonnen: Man kann nicht davon ausgehen, dass alles, was einer Gemeinschaft eigen ist, ein Element von Identität darstellt. Wenn Deutsche in Häusern mit Giebeldächern wohnen und ihre Städte mit gelben Ortsschildern kennzeichnen, Engländer den Straßenverkehr mit linken Fahrbahnen einrichten, Italiener auf dem Corso flanieren und Griechen mit Handketten spielen, so kommen darin Optionen der Lebenspraxis und des Lebensstils zum Ausdruck, man kann sie möglicherweise an diesen Praktiken und Gegenständen erkennen, aber man wird darin nicht gleich fundamentale Faktoren von Identität sehen. Entsprechend kann man antike griechische Formen der Keramik, Techniken des architektonischen Bauens oder Praktiken religiöser Rituale von denen anderer Kulturen unterscheiden, ohne dass diese Eigenarten *eo ipso* als Ausdruck und Faktoren von kollektiver Identität wahrgenommen und gewertet worden sein müssten. Erst durch ein entsprechendes Bewusstsein konnten sie dazu werden – aber wenn solche Formen, Techniken und Praktiken von einer zur anderen Gemeinschaft ausgetauscht wurden, so stand dem nichts im Weg, und es bedeutete auch nicht, dass damit Identitäten übernommen oder verändert worden wären.

Grundsätzlich kann man die Frage von zwei Seiten angehen. Man kann von den Gegenständen und Praktiken der Kultur ausgehen und fragen, ob und wie weit sie eine Identität von menschlichen Gemeinschaften zum Ausdruck bringen, und man kann von Gemeinschaften ausgehen und fragen, ob und wie weit sie sich in den Gegenständen und Praktiken der Lebenskultur präsentieren. In beiden Perspektiven werden starke Ambivalenzen deutlich.

Wenn man von den Gegenstanden und Praktiken ausgeht, so können zwei alte Problemfälle der Forschung die Schwierigkeiten mit der Identität illustrieren. Seit dem 9. Jahrhundert v. Chr. wurde griechische Keramik, meist Schalen zum Trinken, aber auch Kratere zum Mischen von Wein, in die Länder des Vorderen Orients exportiert. Besonders zahlreich sind griechische Funde in Al-Mina, einem bekannten Handelsplatz an der Küste von Syrien; deshalb wurde von manchen Forschern vermutet, dass dort griechische Händler Gelage nach griechischem Modell mit Gefäßen ihrer griechischen Herkunft gefeiert hätten. Das ist in einzelnen Fällen nicht auszuschließen, doch die Mehrzahl der exportierten Gefäße, aus Al Mina selbst und aus verschiedenen anderen Orten der Levante, stammt aus Kontexten, zum Teil Gräbern, von Angehörigen der dort einheimischen Eliten, die sie offenbar bei Banketten nach ihren eigenen sozialen Praktiken verwendeten. Die griechischen Trinkge-

Abb. 6: Griechisches Trinkgefäß mit Inschrift, sog. Nestor-Becher. Ischia, Museo di Pithecusae. Ende 8. Jahrhundert v. Chr.

fäße sind darum weder ein Indiz für griechische Nutzer noch für griechische Sitten, und schon gar nicht für griechische Identität.

Vergleichbar ist die Situation am westlichen Rand der griechischen Kultur. Auf der Insel Ischia, griechisch Pithekoussai, wurde ebenfalls eine multi-ethnische Handelsniederlassung erforscht, in der neben Produkten aus dem ganzen mittleren und östlichen Mittelmeer auch eine große Zahl griechischer Gefäße zu Tage kamen. Hier hat der Zufall uns den Gefallen getan, dass ein Becher von griechischer Machart mit einer eingeritzten Vers-Inschrift erhalten blieb, die sich auf die griechische Sitte des Trink-Gelages, des Symposions, bezieht und einen Hinweis auf den von Homer bekannten Helden Nestor und die Göttin Aphrodite enthält (Abb. 6). Daraus kann nur auf Griechen als Benutzer des Bechers geschlossen werden. Andererseits aber ist Trinkgeschirr in griechischer Töpfertechnik und mit griechischer Bemalung nicht weit davon entfernt auf dem gegenüber liegenden italienischen Festland, in dem einheimischen Fürstensitz von Torre Satriano gefunden worden. Dort haben also Nicht-Griechen Trinkgelage gefeiert – und es kann aus den Gefäßen nicht abgeleitet werden, mit welchen kulturellen Implikationen sie das taten, d. h. ob sie sich dabei als Kultur-Griechen gefühlt haben oder (wohl eher) nicht. Sie werden dabei keine homerischen Verse zitiert und keine griechischen Mythen erzählt haben, und ob sie sich die Frage gestellt haben, wie weit dies ein »griechisches« Gelage war, wird man eher bezweifeln. Offensichtlich haben sie griechische Gelagegefäße benutzt, weil sie sie technisch perfekt, ästhetisch schön und wohl auch sozial prestigeträchtig fanden. Inwiefern dabei eine kulturelle »Identität« eine Rolle gespielt haben könnte, ist schwer zu sagen.

Wenn man umgekehrt von den politischen und sozialen Gemeinschaften ausgeht, so erweist sich auch aus dieser Perspektive die materielle Kultur als ambivalenter Indikator von kollektiver Identität. Die wohlhabenden »Bürger« von Athen waren in archaischer Zeit in ausgeprägte politische Faktionen geschieden, sie teilten aber gleichwohl dieselbe Lebenskultur miteinander. Und sie

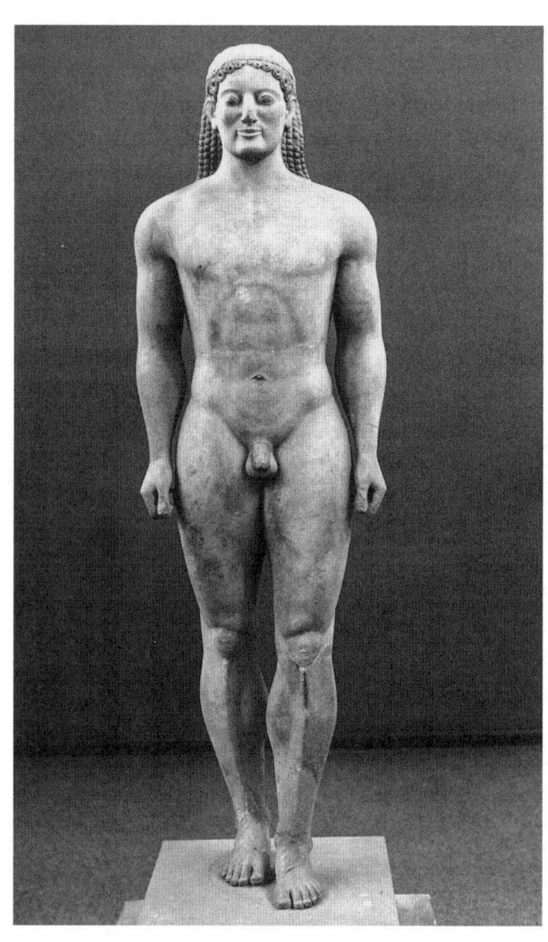

Abb. 7: Grabstatue des Atheners Kroisos.
Athen, Nationalmuseum. Um 530 v. Chr.

teilten sie auch mit den wohlhabenden Schichten anderer Städte, unabhängig davon, ob sie verbündet oder verfeindet waren. Sie erwarben das Trinkgeschirr für ihre Symposien von denselben Werkstätten, die auch nach außen in andere Städte exportierten.

Eine führende Familie Athens, vielleicht sogar der große Clan der Alkmeoniden, errichtete über dem Grab eines früh verstorbenen jungen Mannes namens Kroisos ein Standbild eines so genannten Kouros, wie es im archaischen Griechenland weit verbreitete Sitte war (Abb. 7). Sie teilten diese Grabkultur mit anderen athenischen Familien, mit denen sie z.T. verfeindet waren, und mit anderen griechischen Städten, die z.T. ihre politischen Gegner waren. Sie unterschieden sich aber mit dieser Grabstatue von nicht-griechischen Kulturen, die solche Grabstatuen nicht kannten. Doch gleichwohl hatten sie ihren Sprössling, in den sie große Hoffnungen setzten, nach Kroisos, dem König der Lyder weit jenseits der griechischen Kulturwelt benannt, zu dem sie freundschaftliche Beziehungen hatten. Welche Kraft der Identität hatte dann noch das Standbild des griechischen Kouros?

Allgemein waren die Bewohner griechischer Städte in der archaischen Zeit einerseits Mitglieder der politischen Gemeinschaft ihrer Polis; andererseits waren sie dort in gegensätzliche Faktionen geteilt und hatten oft engere Beziehungen zu verbündeten Faktionen auswärtiger Städte und sogar zu den Eliten nicht-griechischer Länder als zu den Konkurrenten in der eigenen Stadt. Alle diese Gruppen und Gemeinschaften aber vollzogen ihr Leben in einer mehr oder minder gemeinsamen Lebenskultur. Die individuellen Menschen gehörten unterschiedlichen Gruppierungen zu, die sich überschnitten und miteinander in Konkurrenz treten konnten, und die mit dem starken Begriff der Identität zumeist überfrachtet werden – es sei denn man machte ihn so weich, dass er alle erklärende Kraft verliert.

Die Phänomene der materiellen Kultur sind zweifellos von größtem Interesse für das Verständnis von historischen Gesellschaften. Aber sie sind sehr wohl ohne die Frage nach der Identität zu verstehen. Es bleibt daher immer zu fragen, welche Erkenntnisse die Kategorie der Identität über die objektbezogene Beschreibung und Analyse der Phänomene hinaus bringt? Oder ob sie gar Bedeutungen insinuiert, die diesen Gesellschaften nicht angemessen sind?

Für die Jahrhunderte der archaischen Epoche hat Jonathan Hall gezeigt, dass ein explizites (intentionales) Bewusstsein von griechischer Identität sich allenfalls sehr rudimentär, partiell und insgesamt langsam ausgebildet hat. Ein gemeinsamer Name für ein Land Hellas und eine Gemeinschaft von Hellenen kam erst nach und nach, in verschiedener Ausdehnung und in speziellen Situationen, in Gebrauch und erlangte lange Zeit keine umfassende und dominante Geltung. Zu den olympischen Spielen wurden wohl schon in archaischer Zeit nur Teilnehmer von griechischer Abstammung zugelassen. Und als der Herrscher Kleisthenes von Sikyon seine Tochter Agariste verheiraten wollte, lud er Freier aus ganz Griechenland, aber nicht von anderen Völkern ein. Doch das war ein Ausdruck selbstverständlicher Zusammengehörigkeit, nicht von emphatischer griechischer Identität.

Ähnliches gilt für die griechischen Stadtstaaten und Stämme: Sie stellten Gemeinschaften mit einer gewissen Zusammengehörigkeit dar, auch mit Feindschaften gegen andere Städte und Stämme, aber kaum mit einer spezifischen, sich voneinander unterscheidenden ideellen oder kulturellen Bindung im Sinn einer starken Identität. Auch die lokalen Mythen der Städte und Stämme mit den genealogischen Verbindungen zur Gegenwart blieben eingebunden in die großen gesamtgriechischen Mythenkreise des Troianischen Krieges, der Argonauten, des Herakles. Dem entsprechend blieben Erfahrungen und Vorstellungen von grundsätzlicher Fremdheit innerhalb und jenseits der griechischen Welt lange Zeit sehr begrenzt. Weiter reichende Konzepte von ausgeprägter Identität und Alterität sind erst in der Konfrontation mit den Persern im frühen 5. Jahrhundert entstanden.

KULTURELLE DURCHLÄSSIGKEIT: GRIECHENLAND UND ORIENT IN ARCHAISCHER ZEIT

Der klassische Fall fundamentaler Konzepte von Identität und Alterität ist die welthistorische Antithese von »Ost« und »West«, »Morgenland« und »Abendland«. Sie hat zwei Seiten, die beide die unheimliche Macht der Konstruktion von Identitäten bezeugen: die eine betrifft die Geistes- und Forschungsgeschichte der Neuzeit, die andere die Geschichte der Antike selbst.

Edward Said hat in seinem berühmten Buch »Orientalism« (1978) mit großer Kraft beschrieben, wie der neuzeitliche Westen ein Bild des »Orients« geschaffen und durchgesetzt habe, das eine absolute negative Antithese zu dem idealtypischen Selbstbild der europäisch-amerikanischen Gesellschaften darstellt. Dabei wurden beide Seiten auf ein einheitliches Klischee nivelliert und das westliche Selbstbild positiv gegen das östliche Fremdbild aufgewertet. So sehr die Kritik dem Buch eine einseitige Sicht und pauschale Urteile vorgeworfen hat, so sehr zeigt die Heftigkeit mancher Gegenstimmen, dass hier ein sensibler Nerv getroffen ist.

Wie stark die Forschung zur griechischen Antike von antithetischen Konzepten geprägt ist, zeigt sich sehr deutlich darin, wie das Verhältnis Griechenlands zum »Orient« zu begreifen versucht wird. Lange vor der

Hochkonjunktur von »Identität« und »Alterität«, im Grund schon seit Winckelmann, später besonders markant bei Jacob Burckhardt, wurden die antiken Griechen als ein ideales »Wir« von dem »Orient« als einem diametralen »Anderen« abgesetzt. Dabei wurden beide Seiten in einem ungemein weiten Sinn als Idealtypen verstanden. Nicht nur wurde das weite Spektrum der unterschiedlichen Stadtkulturen Griechenlands konzeptuell zu einer Einheit zusammengefasst, sondern auch der gesamte »Orient« von den Skythen bis zu den Ägyptern wurde zu einer einheitlichen Gegenwelt nivelliert. Und man legte auch gleich einen Zeitraum fest, in dem die »Auseinandersetzung« Griechenlands mit dem Orient kulminierte: die so genannte »orientalisierende Epoche« des 7. Jahrhunderts v. Chr.

In dieser Epoche, in der die Griechen eine neue Lebenskultur entwickelten, mit neuen Formen autonomer Stadtstaaten, neuen Strukturen politischer Gemeinschaften, neuen Weisen des gesellschaftlichen und kulturellen Zusammenlebens und neuen Arten der poetischen und philosophischen Reflexion über die Welt, waren sie gleichwohl stark eingebunden in den Kontext der großen alten Kulturen um das östliche Mittelmeer, von Kleinasien und Ägypten über die Levante bis Mesopotamien und in den Iran. Intensive Forschungen haben gezeigt, dass in dieser frühen formativen Phase der griechischen Welt bedeutende kulturelle Errungenschaf-

Abb. 8: Orientalische Kessel-Attasche aus Olympia.
London, British Museum. 8. Jahrhundert v. Chr.

ten in verschiedenen Bereichen des Lebens von den benachbarten Hochkulturen übernommen und weitergebildet wurden, und es kann kein Zweifel bestehen, dass ohne diese Impulse die griechische Lebenskultur nicht in dieser Weise hätte entstehen können. Heftige Kontroversen sind allerdings über die Bewertung dieser Prozesse geführt worden: ob man den Griechen dabei »Abhängigkeit« vom oder »Eigenständigkeit« gegenüber dem Orient attestieren soll. Offensichtlich sind solche Debatten, ob explizit oder implizit, bis in die moderne Forschung hinein von den Kategorien emphatischer Identität und Alterität geprägt.

Abb. 9: Griechische Kessel-Attasche.
Athen, Nationalmuseum. Ende 8. Jahrhundert v. Chr.

Besonders pointiert kommt das etwa bei den so genannten »Sirenen-Attaschen« zum Ausdruck, die aus Bronze gegossen und als Schmuck an großen Bronzekesseln auf konischen Ständern angebracht wurden: Köpfe mit ausgebreiteten Schulterflügeln, die an die bauchige Wand der Kessel angenietet wurden, die nach innen schauen und an der Rückseite eine Öse für einen großen Henkel besitzen. Von diesen Attaschen sind sowohl orientalische Importe aus dem nordsyrischen Raum als auch griechische Nachahmungen bekannt (Abb. 8 und 9), und es ist aufschlussreich, wie die verschiedenen Formen in der Forschung beschrieben und unterschwellig bewertet werden. Einer der besten Kenner dieser Produkte bringt die Unterschiede zwischen dem orientalischen »Schema« und den griechischen »Gebilden« (schon die Wortwahl ist symptomatisch) folgendermaßen auf den Punkt: Bei den orientalischen Vorbildern ist von einer »verharrenden, selbstgenügsamen, indifferenten Haltung« die Rede, dagegen wird bei den griechischen Attaschen eine Kaskade von brillierenden Qualitäten entfaltet: ein »klares, von echt griechischer Formgesinnung durchwaltetes Gebilde«, »bewusster, wacher Ausdruck des Gesichts«, »helle Geistigkeit«, »Lebendigkeit und Aktivität« – und die Umbildung ist »ein Vorgang, den man nicht genug bewundern kann«. Ähnlich konnte man über das Verhältnis der frühen griechischen Poleis zu phönizischen Stadtstaaten urteilen. Im Jahr 1949 veröffentlichte der bekannte Klassische Philologe Bruno Snell ein – im übrigen noch heute lesenswertes – Buch, in dem er »Studien zur Entstehung des europäischen Denkens bei den Griechen«, so der Untertitel, ohne Bedenken unter den pauschalen Haupttitel »Die Entdeckung des Geistes« stellte: eine eurozentrische Sicht, die heute nur Staunen erregen kann.

Die tatsächliche Geschichte der Beziehungen zwischen Griechenland und den Reichen und Kulturen des östlichen und westlichen Mittelmeers in der so genannten archaischen Epoche des 10. bis 6. Jahrhunderts v. Chr. ist ein weit verzweigtes Feld; die neuere Forschung hat dazu weitreichende neue Perspektiven entwickelt. Hier soll nur der Frage nachgegangen werden, ob, und wenn ja, wie weit die Kategorien der Identität und Alterität greifen.

Grundsätzlich besteht dabei die Gefahr, dass die Antithese Identität versus Alterität im Sinn von mehr oder minder festen Entitäten verstanden wird. Doch im Sinn eines ernsthaften Verständnisses von Transkulturalität ist die Entwicklung von Kulturen »nie in distinkten Entitäten oder als Interaktion getrennter Einheiten« zu verstehen, sondern immer sind »Vernetzungen, Austausch, Porosität und Hybridisierung« fundamental für die ständige Neudefinierung von Kulturen und kultureller Identität. Zu dieser Flüssigkeit in der Verflechtung von Orient und Griechenland gehört nicht zuletzt, dass sich eine bestimmte Periode der »Auseinandersetzung« kaum abgrenzen lässt. Die üblichen Eckdaten, von 700 bis 620 v. Chr., sind allein von dem Stil der Bildkunst abgeleitet, wo in diesen zwei bis drei Generationen besonders viele Motive aus dem Orient übernommen und weitergebildet wurden: Das ist sicher zu partiell, um damit eine ganze Epoche zu definieren. Die Verflechtungen zwischen den Kulturen des östlichen Mittelmeers und Griechenland sind weit komplexer.

Seit langem ist beobachtet worden, dass Homer in dem Epos der Ilias die heroischen Griechen und Troianer nicht als einander grundsätzlich fremde Gegner darstellt: Sie haben dieselben Götter, vergleichbare politische und soziale Strukturen, dieselbe Lebenskultur. Das ist nicht als Aussage über die mythische Vorzeit zu verstehen, in der der Troianische Krieg angeblich gespielt hat, sondern entspricht offensichtlich der Auffassung der Zeit Homers, des 8. Jahrhunderts v. Chr.

Die kulturellen Transfers aus den Kulturen des Orients waren seit früher Zeit kontinuierlich dicht, doch wurde offenbar nie so etwas wie ein »griechischer« Charakter der eigenen Kultur definiert, zu dem die Importe einen grundsätzlichen Gegensatz gebildet hätten. Im Gegenteil, die rezipierten Elemente wurden nahtlos in die aktuelle griechische Lebenskultur eingefügt, zum Teil sogar als zentrale Elemente, ohne aber jemals einen eigenen Sektor mit Fremdheitscharakter zu bilden. Nur ein paar allbekannte Fakten:

Schon im 9. Jahrhundert v. Chr. wurde aus Phönikien die Alphabetschrift rezipiert, für die Bedürfnisse der griechischen Sprache weitergebildet und zu einem genuinen Element griechischer Kultur gemacht: Sie wurde für so zentrale griechische Anliegen wie die Veröffentlichung von Gesetzen der entstehenden Städte, die Notierung von Trinksprüchen auf Gefäßen der griechischen Gelagekultur und wahrscheinlich sogar die Komposition der homerischen Epen verwendet. Früh wurden auch Mythen von der Entstehung der Welt und den ersten Generationen der Götter von den Hethitern in Anatolien, ebenso wie Sagen von starken Helden aus Mesopotamien nach Griechenland übernommen, nahmen dort aber zentrale Bedeutung für das griechische Welt- und Menschenbild an.

Ähnlich steht es mit der materiellen Kultur. Bronzeschalen mit Reliefschmuck aus Phönikien wurden im 8. Jahrhundert v. Chr. nicht nur nach Griechenland importiert, sondern wurden in Athen auch in Tongefäßen nachgeahmt und mit Figuren in einem Stil bemalt, der sich nahtlos in das Repertoire des griechischen Tongeschirrs einpasst. Die orientalische Form des Speise- und Trink-Gelages (Symposion) auf Liegebetten (Klinen) wurde spätestens im 7. Jahrhundert v. Chr. in Griechenland übernommen, wie Darstellungen auf Vasen von Korinth bezeugen; sie wurde dort aber rasch zur zentralen Form der Bildung von adeligen Gruppierungen und einem Grundpfeiler der städtischen Gesellschaften. Im 6. Jahrhundert nahm man in Athen, wahrscheinlich auch in anderen griechischen Staaten, Skythen aus den Steppengebieten nördlich des Schwarzen Meeres als Bogenschützen in das eigene Heer auf – aber nicht genug damit: Offenbar übernahmen vornehme Athener die exotische skythische Tracht der bunten Ärmelgewänder und eng anliegenden Hosen als extravagenten Chic in das eigene Repertoire der Kleidung. Die vornehme athenische Familie, die ihren Sohn nach Kroisos, dem König der kleinasiatischen Lyder, benannte, war also grundsätzlich kein Einzelfall. Nirgends bringt »fremde« Kultur ein »fremdes« Element, eine Veränderung von »Identität« in das griechische Kultursystem ein.

Dabei waren die Griechen in besonderem Maß daran interessiert, woher die Produkte für ihre Lebenskultur kamen: Man schätzte Erzeugnisse von bestimmten, z. T. weit entfernten Orten, etwa Helme im Typus von Korinth, Kratere in der Form von Lakonien, Marmor aus Paros, Textilien aus dem kleinasiatischen Ionien, Purpur aus Phönikien, das Gewürz Silphion aus Kyrene in Libyen, Bronze aus dem fernen Tartessos jenseits von Gibraltar, und benannte sie nach ihrer Herkunft – aber es ist bezeichnend, dass dabei nirgends ein grundsätzlicher Unterschied zwischen griechischen und fremdländischen Erzeugnissen betont wird. Die Menschen konnten am einen Ort dies, am anderen Ort jenes besonders gut, aber nirgends ging es dabei um so etwas wie bewusste Identität.

Zwar gab es gewisse Grenzen. Die griechische Sprache, obwohl in stark divergierende Dialekte zersplittert, war den Griechen gemeinsam und trennte sie von den nicht-griechischen Nachbarn. Zu den gesamtgriechischen Spielen von Olympia und Delphi waren nur Griechen zugelassen. Aber solche Grenzen waren auf einzelne Sektoren des Lebens beschränkt, daneben herrschte große Offenheit. In denselben Heiligtümern von Olympia und Delphi konnten nicht-griechische Herrscher und Städte, Adelige und Händler, aus Etrurien wie aus Kleinasien Weihgeschenke stiften und Orakel befragen. Das Heiligtum der Hera auf Samos war ein viel besuchter Anlaufplatz für Handelsherren aus dem weiten Raum des Mittelmeers. Im Ganzen entwickelte sich das archaische Griechenland nicht in Antithese zu, sondern in Partizipation an den Kulturen um das östliche Mittelmeer. Die Griechen wuchsen in diese Welt hinein und nahmen an ihr Teil. Man entwickelte dabei eigene kulturelle Spielarten, aber das taten alle anderen Kulturen ebenso. Einen Anlass zur »Auseinandersetzung« gab es schon deshalb kaum, weil Griechenland relativ abgelegen im Windschatten der übergreifenden Konflikte lag und kaum Druck von außen erfuhr.

In diesem Rahmen kultureller Fluidität waren »Abhängigkeit« oder »Eigenständigkeit«, und darum auch kulturelle Identität und Alterität, keine sinnvollen Alternativen.

SUBVERSION VON ANTHROPOLOGISCHEN GRENZEN: MENSCH UND TIER

Daneben gab es andere Grenzen, nicht kultureller, sondern »anthropologischer« Art. Die Kultur der Menschen wurde scharf von der Wildheit der Tiere abgesetzt. Doch auch diese »anthropologische« Grenzziehung ging mit einer erstaunlichen Durchlässigkeit zusammen. Das wird bei einem Thema der Bildkunst deutlich, das ein Zeugnis par excellence für das Verhältnis zwischen dem frühen Griechenland und dem Orient darstellt: bei den ungeheuren Wunderwesen und wilden Tieren, die die Keramik und andere kulturelle Gegenstände der griechischen Frühzeit schmücken.

Es ist eine vielfältige Welt der wilden Natur, die in dieser Epoche ins Zentrum des Interesses rückte, weil sie die Gegenwelt zu der neuen Kultur der städtischen Ordnung, der Polis, bildete. Von dieser Wildnis setzten sich die entstehenden Gemeinschaften der »Bürger« ab, und im Sinn dieser fundamentalen Antithese von »Kultur« und Wildnis wurde die Gegenwelt zu einem Bereich, in dem die Erfahrungen der Lebenswelt in phantastische Vorstellungen übergehen: mit zahmen Wildziegen und Wasservögeln der eigenen Umwelt, wilden Löwen der sagenhaften Ferne, und dann den unheimlichen Monstern, die man sich als hybride Gestalten vorstellte: Sphingen als Löwen mit Flügeln und Frauenkopf, Kentauren als Pferde mit Oberkörper und Kopf eines Mannes, Sirenen als Vögel mit Frauenkopf, Greifen als Flügellöwen mit Vogelkopf, Chimairen als Löwen mit Ziegenkopf im Rücken und Schlange als Schwanz. Und so fort.

Als kulturgeschichtliches Phänomen bezeugt dies Repertoire der Monster und wilden Tiere eine starke kulturelle Durchdringung von Orient und Griechenland. Ihre

Abb. 10: Weinkanne aus Korinth. Basel, Antikenmuseum und Sammlung Ludwig. Um 650–625 v. Chr.

allgemeine Herkunft aus der Bilderwelt orientalischer Kulturen ist offensichtlich. Dazu wurde aus dem Reservoir der orientalischen Mythen das narrative Muster von großen Helden übernommen, die solche Monster bekämpfen und die Gemeinschaften der Menschen von dieser Bedrohung befreien. In Griechenland wurden solche Geschichten aber auf Helden übertragen, die diese Rolle als Retter der Menschen und der menschlichen Kultur in der eigenen Frühgeschichte spielten: Herakles, der seine Braut Deianeira gegen den Übergriff des Kentauren Nessos verteidigt und damit die soziale Institution der Ehe schützt; Theseus, der die jungen Männer und Mädchen Athens vor der Vernichtung durch den Stiermenschen Minotauros rettet und dadurch die Zukunft der Stadt sichert; Ödipus, der die Stadt Theben von der Bedrohung durch die mordende Sphinx erlöst. Das orientalische Muster des rettenden Helden erhielt einen zentralen Platz in der Begründung der griechischen Kulturwelt durch die Heroen der eigenen Frühzeit. Die kulturellen Brücken verbanden unterschiedliche Teile einer gemeinsamen Welt.

Noch überraschender ist, in welchem Maß auch die »anthropologische« Grenze zwischen der Kultur der Menschen und der animalischen Wildheit der Tiere durchlässig war. In der kulturellen Konzeption der Welt durch die Griechen repräsentierten die Monster und wilden Tiere nicht die Hochkulturen des Orients, sondern die ganz andere Welt der urwüchsigen, vor-kulturellen Natur als Antithese zu der kulturell gestalteten Lebensordnung der Menschen. Diese Gegenwelt der wilden Natur situierten die Griechen zum einen in der eigenen Lebenswelt: in den bergigen und waldigen Randzonen um die Territorien der Polis, zum anderen aber, und in gesteigerter Form, in den unbekannten und unheimlichen Zonen am Rand der gesamten Welt. Die mythischen Helden, wie vor allem Herakles, waren archetypische Vorkämpfer der griechischen Stadtkultur gegen Ungeheuer wie den Löwen von Nemea, der die Verbindungswege zwischen den Städten bedrohte, gegen die Schlange von Lerna, die den Zugang zu der lebenswichtigen Wasserstelle blockierte, oder die Kentauren vom Pholoe-Gebirge, die mit ihrer ungezügelten Lüsternheit die griechische Kultur des Symposions und des Gastrechts störten.

Diese Antithese zwischen der Welt der menschlichen Kultur und der urwüchsigen Natur bedeutete aber keine strenge Abgrenzung zwischen den Sphären einer Identität der kulturellen Ordnung und einer Alterität des gesetzlosen Chaos. Die Monster verkörperten zum Teil selbst, als so genannte »Mischwesen«, den Übergang zwischen Natur und Kultur: Die Kentauren sind halb Pferd und halb Mann, die Sirenen halb Vogel und halb Mädchen. Und die ganze Welt des »Draußen«, in der sie leben, ist in vielfacher Weise mit der Welt der Menschen verwoben. Zwar wurde die Wildnis der Berge und Wälder jenseits der menschlichen Kultur als eine Gegenwelt begriffen, in der wilde Tiere und Monster die normative Lebensordnung der Menschen und ihrer Städte bedrohten. Doch gleichzeitig umfasste diese Gegenwelt idyllisch grasende Wildziegen und üppig wuchernde Pflanzen, die ein glückliches Leben verhießen. Mehr noch, in der Bildkunst ist auch die Welt der Natur nach klaren Gesetzen und Verhaltensformen geordnet, und diese Formen haben signifikante Analogien zu denen der Menschenwelt: mutigen Kampf in antithetischem Gegenüber, friedliches Miteinander in gleichförmiger Reihung, und so fort. Seit früher Zeit wird auf Vasen die gestaltete Welt der griechischen Polisgemeinschaften, mit ihren sozialen Praktiken und Ritualen, von diesem Kosmos der Natur eingefasst. Die zahllosen Friese der frühgriechischen Kunst sind alles andere als »orientalische« Dekoration, sie bezeichnen die urtümliche, teils bedrohliche teils idyllische Welt des »Draußen«, in der die entstehenden griechischen Stadtgemeinschaften als Inseln der menschlichen Lebensordnung gegründet wurden.

Menschenwelt und Natur sind Gegenwelten, aber mit starken Bezügen zueinander. Denn auch die wilde Gegenwelt war keineswegs hermetisch gegen die Lebenswelt der Menschen abgeschlossen. Die jungen Männer der städtischen Oberschichten wurden während der Zeit der Adoleszenz in die Wildnis ausgeschickt, wo sie sich in der freien Natur behaupten, sich durch Jagd auf Kleintiere und Sammeln von wilden Kräutern und Früchten am Leben halten sollten. In Sparta sollten sie marodierend durch das Umland ziehen und Terror unter der unterworfenen Landbevölkerung verbreiten. Als »Schwarze Jäger« sollten sie ihre Körper ausbilden und die Kräfte der Natur in sich aufnehmen, um mit dieser »Männlichkeit« in die Bürgerschaft einzutreten und sie als wilde Krieger für ihre Stadt einsetzen zu können. Die Natur war ambivalent: eine Welt tödlicher Bedrohungen, aber auch jener vitalen Kräfte, die die menschliche Kultur brauchte: Jeder griechische Krieger, mit all seinen vielgerühmten edlen Tugenden, war eine latente Bestie.

Der mythische Prototyp griechischer Krieger und kriegerischer Tugenden war Achill, der als Knabe von seiner Mutter Thetis ins Gebirge zu dem weisen Kentauren Chiron geschickt wurde, der ihn die Geheimnisse der Wildnis lehrte und ihn zu dem blutrünstigen »Löwen« machte, der den Krieg gegen Troia entscheidend prägte. In den Kentauren wird die Ambivalenz der Alterität schlagartig deutlich: Die Mischwesen aus Mensch und Pferd verkörpern animalische Wildheit, Zügellosigkeit und sexuelle Gier – aber einzelne heilvolle Kentauren wie der Helden-Lehrer Chiron schlagen die Brücke zu den Menschen und öffnen ihnen die Welt der Natur. In demselben Sinn wie die Helden der mythischen Frühzeit nahmen auch die jungen Männer der späteren historischen Welt die Kräfte der Natur mit in das Leben als Mitglieder der städtischen Gemeinschaften hinein.

Entsprechendes gilt für andere Gegenwelten zur griechischen Kultur. Das Gegenbild zur Norm der griechischen Frau als Mutter und Herrin des Hauses waren die Amazonen, die sich der Heirat verweigerten und in den Krieg zogen. Aber auch die heranwachsenden Mädchen wurden als wilde »Fohlen« gesehen, die für die Ehe bezwungen werden mussten, und die doch etwas von ihrer Wildheit behielten. Auch in jeder griechischen Frau steckte latent eine Amazone.

Die griechische Lebensordnung der archaischen Epoche profilierte sich in Antithesen zu alteritären Gegenwelten, aber die Einstellungen dazu waren ambivalent. Die Grenzen waren markant, aber offen: Man setzte sich von den Gegenwelten ab, nahm aber zugleich ihr Potential in die eigene kulturelle Welt auf. Das hat nicht zuletzt die Vitalität dieser griechischen Kultur begründet.

IDEOLOGISCHE IDENTITÄT IN UND SEIT DEN PERSERKRIEGEN

Vor diesem Hintergrund wird deutlich, mit welcher ideologischen Schärfe zu Beginn des 5. Jahrhunderts v. Chr. in den Auseinandersetzungen und Kriegen der Griechen gegen die Perser neue Konzepte von emphatischer Identität und Alterität ausgebildet wurden. Damals wurden in Griechenland die Definitionen von »Griechen« versus »Barbaren« als neue Kampfbegriffe entwickelt und eingesetzt, um die Parteinahmen zu klären. In einer Situation, in der die Perser in Kleinasien immer näher an die griechischen Städte der Küstenregion heranrückten und darüber hinaus auch das griechische Mutterland bedrohten, waren zahlreiche griechische Städte durchaus offen für die Angebote und Forderungen der Großmacht im Osten – und gegen diese grundstürzende Gefahr für die gesamte griechische Welt konnte eine fundamentale Identität als massive Forderung zur Einheit der griechischen Seite erhoben werden, die sich erst dadurch emphatisch als »griechisch« definierte. Die Entstehung dieser emphatischen Identität war ein komplexer Vorgang: Einerseits war die Realität der Konfrontation mit den Persern sicher ein mächtiger Auslöser, andererseits hatte es schon in den Jahrhunderten davor kriegerische Zusammenstöße mit orientalischen Feinden gegeben, und auch der mythische Krieg gegen Troia wurde gegen nicht-griechische Gegner geführt, ohne dass starke Konzepte von Identität und Alterität ausgebildet wurden. Offenbar war erst angesichts der vorrückenden Macht der Perser eine stärkere Sensibilität entstanden, die dann bei der Invasion zu antithetischen Konzepten führte. Reale Erfahrung und mentale Disposition griffen ineinander.

Abb. 11: Trinkschale, Grieche besiegt Perser.
Edinburgh, National Museum of Scotland. Um 470 v. Chr.

Nach den Siegen gegen die Perser in den Schlachten von Marathon (490 v. Chr.), Salamis (480 v. Chr.) und Plataiai (479 v. Chr.) dokumentierten die siegreichen griechischen Staaten in gemeinsamen Denkmälern mit Inschriften sehr genau, wer dazu gehörte und wer nicht. Und die Kluft wurde mit einem neuen emphatischen »kulturellen Gedächtnis« an die mythische Vorzeit vertieft: Der Krieg der Griechen gegen Troia und der Kampf der Athener gegen die angreifenden Amazonen wurden als große Paradigmen in einem »ewigen« Kampf zwi-

Abb. 12: Weinkanne, Grieche besiegt Perser.
Boston, Museum of Fine Arts. Um 460–450 v. Chr.

schen Griechen und äußeren Feinden interpretiert, der seit der mythischen Frühzeit bis in die Gegenwart geführt wurde. Damit wurde aber mit neuer Emphase die Frage aktuell, nicht nur *wer*, sondern auch *was* die »Griechen« eigentlich waren, und die Antworten wurden in klaren antithetischen Klischees gegenüber den Feinden formuliert, die erst dadurch nicht mehr als Fremde mit unverständlicher Sprache bezeichnet, sondern im krass abwertenden Sinn zu »Barbaren« erklärt werden konnten. Nach diesem Muster waren die Griechen fromm, keinem Herrscher untertan, in der Lebensführung schlicht, im Charakter männlich und tapfer, die »Barbaren« dagegen gottlos, von Despoten beherrscht, der Hybris und dem Luxus verfallen, darum verweichlicht, verweiblicht und feige. Die Nachwelt hat dies Zeitalter als griechische »Klassik« gefeiert.

Bilder der Kämpfe auf den Trinkgefäßen bereiten die Antithese zum Teil in krasser Weise für die erhitzten Diskurse beim Symposion auf: Griechen erscheinen in perfekter Rüstung oder mit brillant trainierten Körpern, Perser in unkriegerischen, reich gemusterten Gewändern; Griechen kämpfen mit Schwert und Lanze im mutigen Nahkampf, Perser schießen feig aus der Ferne mit Pfeil und Bogen; Griechen schlagen die Gegner brutal zusammen, sogar vor Bildern des diffamierenden homosexuellen Missbrauchs gegen die Feinde scheute man nicht zurück.

Die Antithese prägte nicht nur die Bilder, sondern auch das reale Leben. Als der Feldherr Agesilaos im 4. Jahrhundert v. Chr. mit seinem spartanischen Heer einer zahlenmäßig überlegenen Heeresmacht der Perser gegenüberstand und seine Soldaten zu verzagen drohten, ließ er vor versammelter Truppe drei persische Gefangene nackt ausziehen, um mit ihren weißen Körpern zu demonstrieren, dass sie nie in einer griechischen Palästra ein athletisches Training absolviert hatten – und führte die Seinen damit zu einem glänzenden

Sieg. Die Institution der griechischen Athletik wurde hier zu einem Faktor der ideologischen Identität erhoben, der Berge versetzen konnte.

Die Athener haben in und nach den Perserkriegen ihre ungemein starke politische Identität aus einer Verbindung von fundamentalen kulturellen Symbolen und Werten ihrer eigenen Stadt und zugleich ganz Griechenlands entwickelt. In der eigenen Stadt waren es die eigenen, von den »Barbaren« zerstörten, vor ihnen geretteten oder danach wiedererrichteten Kultstätten und Denkmäler, an denen sie ihre Gemeinschaft festmachten; mit ganz Griechenland sahen sie sich durch das gleiche Blut, die gleiche Sprache, dieselben religiösen Stätten und gleichgeartete kulturelle Gebräuche verbunden. Und sie setzten diese griechische Identität als Maßstab für die Zugehörigkeit zu dem Kampfbund griechischer Städte gegen die »Barbaren« durch. Da diese Mentalität ein entscheidender Faktor bei den ganz unwahrscheinlichen Siegen gegen die Perser war, ist sie aus der Sicht des abendländischen Westens verständlicherweise oft genug als Gründungsleistung des Abendlands gerühmt worden. Es ist aber nicht zu vergessen, dass dieselbe patriotische Mentalität Athens auch zu schweren Verwerfungen führte: politisch nach außen, indem Athen sich zum Vorkämpfer griechischer Identität und damit zur unterdrückenden Vormacht innerhalb seines Kampfbündnisses entwickelte; politisch nach innen, indem der führende Staatsmann Perikles das athenische Bürgerrecht per Gesetz auf Kinder mit zwei frei geborenen athenischen Eltern einschränkte; kulturell, indem die Stadt Athen sich nicht nur zu einer erdrückenden Kulturhauptstadt Griechenlands erhob, sondern auch Sokrates des Frevels gegen die heimischen Götter beschuldigte und zum Tod verurteilte; viel später erinnerungspolitisch, als athenische Stadtväter den römischen Feldherrn Sulla von der Zerstörung der Stadt mit dem völlig realitätsfernen Hinweis auf die große mythische Vergangenheit Athens abhalten wollten. Identität konnte in sehr verschiedener Weise eine starke Belastung werden.

Bezeichnenderweise waren es nur einzelne Gegenstände der Lebenskultur, die mit emphatischer Bedeutung von Identität aufgeladen wurden. In der Kriegsbewaffnung war es die Antithese von »mutiger« griechischer Lanze und »feigem« Pfeil und Bogen, die zu Symbolen von Identität und Alterität erhoben wurden. In der Kleidung wurde orientalische Tracht, die bis zu den Perserkriegen als raffinierter und luxuriöser Chic akzeptiert war, als Zeichen verräterischer Gesinnung gebrandmarkt. Dagegen wurden einzigartige Beutestücke aus den Perserkriegen, wie das Prachtzelt des Königs Xerxes, die Pferdekrippe des Feldherrn Mardonios oder die Prunkrüstung des Reiterführers Masistios als spektakuläre Trophäen des Sieges in griechischen Heiligtümern präsentiert und wohl als faszinierende Zeugnisse einer fremden Gegenkultur bewundert. Wieder anders stand es mit importierten Materialien für die eigene Lebenskultur, wie Weihrauch für griechische Opferrituale, an denen kein Anstoß genommen wurde. Hier stand wohl im Bewusstsein der Griechen der faktische Gebrauchswert im Vordergrund, die Herkunft aus dem Orient spielte offenbar für die Bewertung keine Rolle. Insgesamt war die Zuweisung von symbolischer Bedeutung selektiv.

Von der großen Antithese »*der* Griechen« gegen »*die* Perser« ist emphatische Identität wie ein Bazillus auf die ganze griechische Welt übergesprungen. Nach demselben ideologischen Muster fassten damals und bald darauf andere griechische Stadtstaaten ihre Kämpfe gegen nicht-griechische Mächte auf: die Syrakusaner in Sizilien gegen die Großmacht Karthago, die Tarentiner gegen die einheimischen Iapyger in Apulien, die Bewohner von Apollonia im heutigen Albanien gegen die halb-»barbarische« Stadt Thronion.

Und zunehmend entwickelten nicht nur die »Griechen« ihre hellenische Identität gegen die »Barbaren«, sondern gleichzeitig bildeten auch die einzelnen Städte, allen voran Athen und Sparta, aber auch die kleineren Gemeinschaften der Stadtstaaten, eine neuartige patriotische Identität gegenüber anderen Städten aus, die sich in ständigen Kriegen von ganz neuen Ausmaßen entlud.

Was wir die griechische »Klassik« nennen, kann in wesentlicher Hinsicht als eine Epoche der eskalierenden kollektiven Ausbildung von Identitäten und Alteritäten verstanden werden, mit durchaus ambivalenten Folgen.

Diese ideologisch emphatisierten Identitäten schufen zunehmend unumstößliche Blöcke von Zugehörigen und Ausgeschlossenen. Deren Eigenschaften werden quasi naturalisiert, dadurch auf Dauer gestellt und dem historischen Wandel entzogen. Die Folgen sind bis heute deutlich: Die welthistorische Antithese von Ost und West, die Edward Said als »Orientalism« analysiert hat, hat ihren Anfang im klassischen Griechenland, über alle Wechsel der historischen Akteure hinweg.

PARTIALITÄT DER DISKURSE

Diese Antithese der Konzepte von »Griechen« und »Barbaren« ist in der Forschung oft hervorgehoben, allerdings auch oft bestritten worden: Die einen sehen bei den Griechen ein krasses negatives Bild der Perser als Erzfeinde aus dem Osten, die anderen erkennen bei ihnen Hochachtung vor der alten Kultur und menschliche Solidarität mit dem Schicksal der unterlegenen Gegner. Ein Konsens ist kaum zu erreichen, solange man nach *dem* Bild *der* Perser bei *den* Griechen fragt. Es ist aber deutlich, dass die unterschiedlichen Aussagen in verschiedenen Medien und Gattungen, das heißt in verschiedenen kulturellen Kontexten gemacht worden sind. Das bedeutet, dass unterschiedliche Diskurse nebeneinander bestanden.

Zum einen unterschieden sich die Einstellungen in verschiedenen Gattungen und deren kulturellen Situationen. Um 460 v. Chr., eine Generation nach den großen Siegen gegen die angreifenden Perser, schilderte ein öffentliches Gemälde an der Athener Agora die Schlacht von Marathon als ein Ereignis von patriotischem Heldentum, unter dem Schutz von Göttern und mythischen Heroen, mit dem Feldherrn Miltiades als idealem Heerführer und anderen Protagonisten als heroischen Kämpfern bis zum Tod. Kurz zuvor hatte der Dichter Aischylos seine Tragödie »Die Perser« auf die Bühne gebracht, in der er den Untergang der persischen Flotte in der Schlacht bei Salamis mit großer Empathie aus der Sicht der Perser selbst am Königshof in Susa als Drama von Macht und Fall, Schicksal und Schuld, Ruhm und Mitleid zum Thema machte. Und gleichzeitig schilderten Bilder auf Vasen für private Symposien den Sieg der Griechen in krasser Gewaltsamkeit. In den verschiedenen Räumen des politischen Zentrums, des Theaters und der privaten Wohnsitze wurden unterschiedliche Diskurse mit unterschiedlichen Wertungen geführt.

Zum anderen entwickelten sich die Beziehungen zu den Persern in den verschiedenen Bereichen des Lebens in ganz unterschiedlicher Weise. In der Politik waren die Gräben, jedenfalls in den Jahrzehnten nach den großen Schlachten, tief. Auch der normative griechische Lebensstil distanzierte sich in seiner programmatischen Schlichtheit diametral von dem persischen »Luxus«. Das ganze Bild der Welt konnte als zweigeteilt zwischen Griechen und Persern konzipiert werden. Daneben aber lief der Handel über Zypern und die Levante offenbar ununterbrochen weiter. In den Wissenschaften blieb die Hochschätzung von Experten-Wissen, vielfach aus dem Orient rezipiert, weiterhin erhalten (allerdings erweitert durch griechische Reflexionen über theoretische Begriffe und Begründungen). Ebenso ergab sich im Bereich der Religion keine Kluft zwischen griechischen und »fremden« Gottheiten. Die ideologische Antithese von Identität und Alterität blieb offenbar auf das politische und soziale Leben beschränkt, in anderen Sektoren des kulturellen Lebens blieb die archaische Offenheit zwischen eigener und anderen Welten weiter bestehen.

Daraus wird ersichtlich, dass auch die verschärften Konzepte von emphatischer Identität und Alterität nicht essentialistisch als Antithese von homogenen monolithischen Einstellungen begriffen werden können. Alle Einstellungen zu eigenen und fremden Gemeinschaften und Kulturen haben ihre spezifische partielle Geltung, in unterschiedlichen Diskursen, Situationen und Lebensbereichen.

Weitere Phänomene der Ambivalenz kommen in den Blick, wenn man auf die zeitlichen Entwicklungen sieht. Ein zentraler Bereich des kulturellen Selbstbildes war der Lebensstil, vor allem der sozialen Oberschichten. Er zeigt sich besonders deutlich in der Kleidung bei sozial bedeutenden Anlässen, deren Entwicklungen und Veränderungen in den Bildern der bemalten Tongefäße beobachtet werden können.

In der späten archaischen Epoche, vor den Perserkriegen, hatten die griechischen Eliten bei religiösen Festen, vornehmen Symposien und in ähnlichen Situationen einen Stil reicher Kleidung und glanzvollen Auftretens gepflegt, mit kostbaren Stoffen und buntfarbigen Mustern, der stark von Importen, Vorbildern und Techniken aus dem Orient geprägt war. Er war Ausdruck eines Ideals des vornehmen, üppigen und freudvollen Lebensgenusses, griechisch *habrosýnē*. Als dann zu Beginn des 5. Jahrhunderts v. Chr. der große Gegensatz zu den Persern aufbrach, entwickelten die Griechen ein neues normatives Selbstbild, das wohl nicht spontan von allen Mitgliedern der Oberschicht geteilt wurde, das aber mit Erfolg durchgesetzt wurde, sicher auch im Sinn der neuen (etwas später sagte man: der »demokratischen«) Gleichheit breiterer Schichten der Bürgerschaft: Vor-

Abb. 13: Amphora, Sänger mit Kithara und reich gekleidete Zuhörer. Paris, Musée du Louvre. Um 520–510 v. Chr.

herrschend waren jetzt Ideale der schlichten Kleidung, des moderaten Auftretens und des besonnenen Gemeinsinns. Dem entsprechend wurden die Lebensformen von Reichtum und Wohlleben, die bis dahin in Griechenland die höchsten sozialen Werte dargestellt hatten, unter negativen Vorzeichen in das Bild der Gegner projiziert: Die Perser waren, so sagte man, vom Luxus verweichlicht und zu Weibern verkommen. Die Zusammenhänge werden unmittelbar anschaulich in den reich gemusterten und kunstvoll drapierten Gewändern griechischer Figuren in der Kunst des 6. Jahrhunderts v. Chr. (Abb. 13), die dann im frühen 5. Jahrhundert von den Griechen aufgegeben werden, während gleichzeitig die Perser in exotisch bunten Trikot-Anzügen erscheinen (Abb. 11 und 12). Das heißt, das neue Gegenbild des persischen Erzfeindes war nicht nur in hohem Maß ein ideologisches Konstrukt, sondern in vieler Hinsicht ein verdrängtes griechisches Selbstbild. Ein Alter Ego.

Wie in jedem idealen Krieger-Helden latent eine Bestie und in jeder gesitteten Braut eine Amazone steckte, so blieb bei den normgerechten Bürgern der klassischen Zeit unter der Decke der Schlichtheit und Besonnenheit die Faszination der üppigen und luxuriösen Lebensformen virulent lebendig. Daher ist es verständlich, dass unter veränderten historischen Voraussetzungen dies Feindbild wieder rückgängig gemacht werden und die verdrängten Aspekte auch wieder in das Selbstbild auf-

Abb. 14: Salbgefäß, Perser und Frau beim Trankopfer.
Frankfurt, Archäologisches Institut der Goethe-Universität.
Um 440–430 v. Chr.

genommen werden konnten. Unter welchen Voraussetzungen war das möglich? Um die Mitte des 5. Jahrhunderts waren die Perserkriege im eigenen Land allmählich in eine historische Ferne gerückt, die Athener strebten einen Abschluss der Feindseligkeiten an, und das Bild der ehemaligen Gegner wandelte sich. Auf den Tongefäßen sieht man jetzt fromme Perser, einmal sogar den persischen König selbst, beim Opfer für die Götter, wie die Griechen sich auch selbst darstellten (Abb. 14). Noch eine Generation später gaben die Athener, zumindest in der Oberschicht, z. T. auch die Ideale der schlichten Lebensführung auf und schlossen dabei vielfach an ihre verdrängten aristokratischen Ideale der archaischen Zeit an. Dadurch entwickelte auch der Orient wieder eine neue Attraktivität: Prunkvolle Kratere für das Symposion zeigen jetzt die aktuellen Wunschvorstellungen für den eigenen Lebensstil: vornehme Perser mit Gefolge gehen auf die Jagd und junge Männer in orientalischen Gewändern, vielleicht sogar griechische Bewunderer der Kultur des Orients, erfreuen sich bei einem vergnügungsvollen Gelage (Abb. 15).

Selbstverständlich war das Verhältnis der Griechen zum »Orient« noch sehr viel komplexer, als aus den wenigen ausgewählten Vasenbildern erkennbar ist. Aber es wird deutlich, dass die Zeugnisse ein Spiel wechselnder Bilder und Vorstellungen von Selbst und Fremd ergeben, das mit den oppositionellen Kategorien von Identi-

Abb. 15: Krater, Junge Männer in orientalischer Tracht beim Symposion. Salerno, Museo Archeologico Provinciale. Um 400 v. Chr.

tät und Alterität kaum einzufangen ist. Ein vergleichbares Oszillieren von Generation zu Generation haben wir im »Westen« nach dem 2. Weltkrieg im Verhältnis zur Sowjetunion und China erlebt: Nach Kriegsende, während des »Kalten Krieges«, war Russland der diametrale Erzfeind, für die Linken von 1968 wurde der »Osten«, insbesondere China, zu einem utopischen Land sozialistischer Hoffnungen, und in der Reaktion seit den 1990er Jahren wurde das Rad wieder zurückgedreht, der Westen machte mit harter Hand Schluss mit den Träumen – bis zu der gegenwärtigen ausweglosen Konfrontation..

Die Psychologie von Identität und Alterität ist instabil. Immer wieder führt sie zu einem Wechselspiel von Verdrängung und Einbeziehung: Eigenes wird als fremd nach außen projiziert, Fremdes in das Selbst aufgenommen.

UMKEHRUNG VON IDENTITÄT UND ALTERITÄT

Die Instabilität von Identitäten führt mit erstaunlicher Konsequenz zu radikalen Umkehrungen von Bildern der Alterität. Seit dem späten 5. Jahrhundert v. Chr. hatte nicht nur die Vorstellung des persischen Luxus in Griechenland eine starke Aufwertung erfahren, sondern das griechische Selbstbild hatte sich zunehmend von dem klassischen Ideal der schlichten und bescheidenen Lebensführung zu einer neuen Hochschätzung gepflegter und üppiger Lebensformen, zunehmend auch mit aus dem Orient importierten Luxusartikeln verändert. Damit fiel der Orient als kulturelle Gegenwelt zu Griechenland mehr und mehr aus, und als dann Alexander der Große das Perserreich erobert und vereinnahmt hatte, entfielen die »Orientalen« auch als politisches Feindbild. Griechische Identität blieb zunächst ohne aktuelle Alterität.

Ein weltgeschichtlicher Zufall aber spielte im 3. Jahrhundert v. Chr. den Griechen einen neuen Erzfeind zu, der als Gegenbild zu dem gewandelten Selbstbild konzipiert und konstruiert werden konnte; die Kelten, die aus dem zentralen Europa nach Süden drängten und die Welt der hellenistischen Staaten bedrohten und erschütterten. Sowohl die alten Zentren der griechischen Kultur, insbesondere das Heiligtum von Delphi, als auch die Königreiche in der Nachfolge Alexanders des Großen bekamen es mit den Kelten und ihren ganz ungewohnten Formen der Kriegsführung zu tun. Und überall waren die Reaktionen nicht nur militärisch, sondern auch ideologisch. In allen Teilen der griechischen Welt, insbesondere aber in Pergamon, wurde der Kampf sofort im Sinn einer neuen Antithese von Identität und Alterität geführt. Alle wollten dabei sein, auch wenn sie wenig von den Invasionen der neuen Feinde betroffen waren.

Und alle suchten, ihre Teilnahme in öffentlichen Denkmälern und anderen Manifestationen zur Wirkung zu bringen.

Das geschah nun unter stark veränderten Vorzeichen. In Griechenland hatte sich ein Idealbild hochkultivierter Bürger herausgebildet, mit kontrollierter Mimik und Körpersprache, gepflegter Haar- und Barttracht und vornehm drapierter Kleidung aus edlen Stoffen. Dem gegenüber wurden die Kelten, wie in der berühmten Skulpturengruppe des Selbstmords in der Schlacht (Abb. 16), nicht mehr wie die Perser in überfeinertem Luxus gezeigt, sondern als wilde und urwüchsige Kämpfer, mit aufgesträubtem Haar und struppigem Schnurrbart, pathetisch emotionalen Gesichtern und nackten Körpern von mächtigem knochigen Bau. Im diametralen Gegensatz zu der rein männlichen Kriegsführung der Griechen zogen die Keltenfürsten mit ihren Frauen in den Krieg, und auch diese unterschieden sich in den Bildern stark von den öffentlichen Ehrenstatuen hellenistischer Bürgerinnen. Zu deren edler Erscheinung, mit ideal-jugendlichem Gesicht, klassischer Scheitelfrisur, in kostbare dünne Seidenstoffe mit frischen Bügelfalten gehüllt, steht die Keltenfrau mit ihren wollig hängenden Haaren und dem groben Gewand in einem denkbar krassen Gegensatz.

Im Bild der Kelten stehen nicht nur Konzepte von Identität und Alterität in Antithese zueinander: Gegen-

Abb. 16: Keltenfürst und Frau, Selbstmord vor den griechischen Siegern. Rom, Museo Nazionale Romano, Palazzo Altemps. Römische Kopie nach originaler Skulpturengruppe aus Bronze, Pergamon, um 220 v. Chr.

über dem Bild der klassischen Orientalen haben sich die Konzepte reziprok zueinander in ihr Gegenteil verkehrt: Während dort griechische Schlichtheit positiv gegen orientalische Überfeinerung gesetzt wurde, bildet hier die unkultivierte Urtümlichkeit der »Barbaren« den Gegensatz zu der hohen griechischen Lebenskultur

Insgesamt zeigt sich, dass Kriege starke Katalysatoren von emphatischen Identitäten sind, dass Identitäten aber nicht als zwangsläufige Konsequenz aus der Erfahrung kriegerischer Realität erklärt werden können. Kriege können, müssen aber nicht im Sinn antithetischer Identitäten geführt werden. Und wenn es um starke Identitäten und Alteritäten geht, sind die antithetischen Konzepte stark von den kulturellen Selbstbildern der Kontrahenten geprägt. Immer sind Identitäten kulturelle Konstrukte.

3. SCHLUSS: LEBENSGEMEINSCHAFTEN STATT IDENTITÄTEN

RISIKEN DER IDENTITÄT

Wenn wir den Blick in die Geschichte nicht als Blick in einen Spiegel begreifen, in dem wir uns selbst, unsere eigene Welt und unsere Identität im Status des Entstehens suchen, sondern als Blick aus dem Fenster, wo wir fremde Möglichkeiten menschlichen Lebens zu erkennen und verstehen suchen, dann werden wir von der griechischen Antike keine Lehren erwarten, wie wir selbst das Leben einrichten sollten. Die Antike ist von der heutigen Welt in so vieler Hinsicht fundamental verschieden, dass es zunehmend schwer wird, die Griechen und Römer überzeugend als Begründer einer noch heute gültigen kulturellen Identität zu begreifen. Gerade in dieser Fremdheit liegt aber das große Potential dieser geschichtlichen Vergangenheit: Sie kann zum produktiven Nachdenken aus historischer Distanz über die eigenen Formen des Lebens und über alternative Möglichkeiten des Lebens führen. Im Fall von Identität und Alterität: um auszuloten, welche Funktionen und Konsequenzen diese Konzepte und Einstellungen in menschlichen Gesellschaften haben können, und was die wissenschaftliche Anwendung dieser Kategorien für das Verständnis menschlicher Gesellschaften bedeutet.

Die Frage nach Identitäten in historischen Gesellschaften ist heute im Wesentlichen motiviert durch ein neues gegenwärtiges Interesse an gesellschaftlicher Kohärenz angesichts der Auflösung traditioneller Gemeinschaften in der global vernetzten Welt. Die Berechtigung dieser Perspektive ist grundsätzlich nicht zu bestreiten, so lange es um eine heutige *Frage an* die historischen Gesellschaften geht und nicht um moderne *Projektionen in* diese Gesellschaften. Und dabei schließen sich weitere Fragen an: Wie förderlich ist die Kategorie der Identität für das Verständnis von Gemeinschaften? Wie heilsam ist sie bei der Bildung von Gemeinschaften? Wie weit haben Konzepte der Identität Hochkonjunktur entwickelt, weil Identitäten bedroht waren, oder wie weit entstanden umgekehrt Probleme, indem Identitäten emphatisch behauptet werden? Nicht zuletzt: Gäbe es alternative Konzepte, Gemeinschaften zu begründen und zu stärken?

Identität ist gegenwärtig zu einer sozialen Kategorie und einer mentalen Kraft geworden, die alle Bereiche des Lebens durchdringt, von der Politik und Gesellschaft,

Kultur und Religion bis zur physischen Gesundheit und Körperlichkeit. Alle Phänomene in diesen Bereichen können als Ausdruck von Identitäten verstanden oder auf ihre Bedeutung für Identitäten hin befragt werden. Der Blick in die Geschichte lässt allerdings zweifeln, ob damit frühere Gesellschaften sinnvoll zu verstehen sind. Die Griechen haben eine ausgeprägte soziale, politische, religiöse und ästhetische Kultur entwickelt, aber sie haben diese Lebenskultur, die Symposien und Begräbnisse, die religiösen Feste und politischen Versammlungen wohl gewöhnlich nicht als Manifestationen griechischer Identität vollzogen. Dasselbe gilt für die materiellen Vergegenständlichungen, in denen und mit denen sie ihr kulturelles Leben realisiert haben, die Städte und öffentlichen Räume, Tempel, Häuser und Gräber, Möbel und Kleidung, Geräte und Gefäße: Auch diese dienten, so sehr sie von griechischen Voraussetzungen geprägt gewesen sein mögen, in erster Linie dem konkreten Vollzug des Lebens, nicht dem Ausdruck von griechischer Identität. Vermutlich hatten die Griechen zumeist andere Sorgen und Agenden als die Frage: »Wer sind wir?«: Sie hatten das Leben zu bewältigen, in Interaktion mit den Mitgliedern ihrer Gemeinschaft, im kultischen Umgang mit den Göttern und den Toten, und in Kontakten und Konflikten mit fremden Gemeinschaften. »Identität« war dabei wohl zumeist kein explizites Thema, sie wurde gewöhnlich nur dann relevant, wenn die eigene Kultur in Frage gestellt oder bedroht schien – oder wenn sie als Potential zur Steigerung der eigenen Kräfte gegen andere Kulturen eingesetzt werden sollte.

UMGANG MIT IDENTITÄT: EINGRENZUNG, VERSACHLICHUNG, KONTROLLE

Aus diesen Beobachtungen und Überlegungen ergibt sich zum einen eine Aufforderung zur kritischen Eingrenzung im Gebrauch des Begriffs der Identität. Man sollte historische Gesellschaften nicht mit einem Übermaß von Bewusstsein für die eigene Identität überfrachten. Die Ubiquität des Begriffs der Identität in der wissenschaftlichen Betrachtung führt vielfach zu einer Überordnung dieser Kategorie über die faktischen kulturellen Phänomene, die dann vor allem als Ausdruck von Identität gewertet werden. Eine Eingrenzung würde den Blick einerseits stärker auf die kulturellen Güter, Praktiken und Vorstellungen selbst lenken, im Sinn einer Versachlichung der Beschreibung des historischen Lebens. Die habituellen und materiellen Formen der Kultur würden nicht in erster Linie in Hinblick auf ein Bewusstsein der Gemeinschaft von sich selbst, sondern auf ihre tatsächlichen Funktionen in der Gemeinschaft betrachtet werden. Andererseits würde eine kritische Eingrenzung des Begriffs den Blick dafür schärfen, wo es sich tatsächlich um die Ausbildung bewusster Identitäten und Alteritäten handelt, die als solche eine eigene Dynamik entwickeln und damit von starker – und dabei allerdings vielfach ambivalenter – historischer Bedeutung werden können.

Die Dynamik, die kulturelle Praktiken und Gegenstände durch Erhebung zu Elementen der Identität bzw. Alterität erhalten, erhöht häufig ihr Potential für Konflikte. Ein Beispiel, das zu denken geben sollte, ist der Umgang mit Homosexualität. Im frühen Griechenland war es etablierter Brauch, dass die jungen Männer der Oberschicht eine Phase der Adoleszenz durchliefen, in der sie in einem homoerotischen Verhältnis mit einem erwachsenen Liebhaber in die Welt der Männlichkeit und der Lebensformen der männlichen Bürger eingeführt wurden. Dieselben jungen Männer begannen nach dieser Phase in der Regel ein heterosexuelles Liebesleben und wurden später Ehemänner und Familienväter in durchaus freudvollem Zusammenleben. Es gab homosexuelle neben heterosexuellen Verhältnissen, auch Vorlieben in der einen oder anderen Richtung, aber von alternativen »Identitäten«, im Sinn einer entweder homo- oder heterosexuellen Natur, ist nirgends die Rede. Die gravierenden Probleme, die moderne westliche Gesellschaften mit Homosexualität haben, sind sehr wesentlich darin begründet, dass die sexuelle Orientierung nach der landläufigen Ansicht zu einem Phänomen von emphatischer Identität und Alterität erhoben und dadurch zu einem Gegenstand von fundamentalen Kontroversen gemacht wurde.

Ähnlich sind materielle Gegenstände sensibel für Zuweisungen von Identität und Alterität. Wie oben erwähnt, wurde das Kopftuch, das noch vor zwei Generationen im Westen von Bäuerinnen bis zu Filmdiven getragen werden konnte, zu einem Symbol von alteritärer Identität qualifiziert, die dann zu Intoleranz und Verboten führten.

Identität tritt mit dem selbstgerechten Anspruch auf unbefragte Geltung auf. Da die Inhalte von Identität die Existenz ihrer Träger ausmachen, entziehen sie sich rationaler Begründung. Durch die Erhebung zur Identität werden sie zu einer Art zweiter Natur. Das gilt insbesondere auch dann, wenn Identität als Prägung durch eine der Gemeinschaft *eigene* Geschichte verstanden wird. Damit wird Identität als »gewachsen« ausgewiesen, werden Abgrenzungen hingenommen, Exklusionen vorprogrammiert – und zugleich scheinbar »erklärend« begründet.

Tatsächlich jedoch sind Identität und Alterität, in dem hier gemeinten emphatischen Sinn, keine vorgegebenen Tatsachen oder Zustände, sondern mentale Konstrukte, die von Menschen geschaffen sind und von ihnen verantwortet werden müssen. Sie entwickeln eine Dynamik, die nach innen Kohärenz und nach außen Abgrenzung schafft, und die in diesem Sinn Kräfte nicht nur der Verteidigung, sondern auch des Angriffs mobilisiert. Mit diesem Potential ist Identität eine riskante Kraft, die der Kontrolle bedarf.

Brauchen wir selbst eine kollektive Identität? Hier ist die Frage nicht, wie z. T. argumentiert wird, ob es kollektive oder kulturelle Identitäten überhaupt gibt oder nicht. Die Erkenntnis, dass Identität keine essentielle Vorgabe menschlicher Kollektive, sondern ein konstruiertes Bewusstsein ihrer selbst ist, stellt das Phänomen der Identität als solches nicht in Frage. Die Tatsache, dass Gemeinschaften sich eine Identität zuschreiben und im Bewusstsein dieser Identität handeln, reicht aus, um Identität als reale Kraft in der Kommunikation und Interaktion der Akteure zu sichern. Die Frage ist vielmehr: wie weit die Kategorie der Identität nötig, nützlich und heilsam – oder ob sie heute zu einer Obsession, einer Pandemie geworden ist?

Die Frage betrifft zwei Ebenen: Brauchen wir in der Wissenschaft die Kategorie Identität? Und brauchen wir im Leben das Konzept Identität?

Zu den (historischen) Wissenschaften: Bei der Beschreibung von Gesellschaften und ihren sozio-kulturellen Praktiken und Vorstellungen geht es zunächst, auf einer ersten Ebene, um das deskriptive und analytische Verstehen der historischen Phänomene und der dabei bestimmenden Akteure. Darin sind die kulturellen Sinngebungen eingeschlossen, aber damit ist noch nicht gesagt, ob und in welchem Sinn dabei von Identität die Rede sein kann. Da es den materiellen Gegenständen und den konkreten Praktiken der Lebenskultur meist nicht anzusehen ist, ob und inwiefern sie als Instrumente von Identität verstanden und eingesetzt wurden, wird man vorsichtig sein, nicht ein heutiges Bewusstsein von Identität in früheren Gesellschaften vorauszusetzen und in sie hinein zu projizieren. In jedem Fall hatten materielle Kultur und soziale Praktiken primär konkrete Aufgaben und Zwecke innerhalb der Gemeinschaften, die Bildung von Gemeinschaft(lichkeit) als solcher war in aller Regel ein sekundäres Movens – soweit sie überhaupt als bewusstes Meta-Ziel von den konkreten Praktiken abgelöst wurde. Sinnvollerweise wird man hier zunächst von (flexiblen) kulturellen Systemen oder Welten sprechen. Und man wird sich mehr davon versprechen, die kulturellen Phänomene – bei den Griechen: Agonistik und Symposion, Mythos und Religion, politische Institutionen und gesellschaftliche Verhaltensweisen, Siedlungsformen und materielle Kultur – objekt-bezogen als solche und in ihrem Zusammenwirken zu untersuchen. Wenn man dies Konglomerat unter dem etablierten Begriff der Identität subsumieren will, so müsste das unter der ausdrücklichen Vorgabe geschehen, dass damit eine deskriptive und analytische Kategorie im Sinn der »Identifikation« gemeint ist. Und es wäre die Frage zu stellen, welche erklärende Kraft der

Begriff dann noch über die Beschreibung der kulturellen Phänomene hinaus besitzt.

Dagegen bleibt der Begriff der Identität in seiner emphatischen Bedeutung hilfreich zur Analyse der spezifischen subjekt-bezogenen Konzepte, mit denen Gemeinschaften sich ein Bewusstsein von ihrer Gemeinschaftlichkeit schaffen, sich in diesem Bewusstsein selbst affirmieren und dies explizit als Kategorie der Bestimmung ihres »Selbst« gegenüber »Anderen« einsetzen, meist zur Stärkung eigener Kräfte in Situationen von Konflikten, sei es defensiv oder aggressiv. Dabei wäre jedoch die Ausbildung emphatischer kollektiver Identitäten nicht *eo ipso* als fundamentale positive Errungenschaft zu bewerten, sondern es bleibt nötig, das ambivalente Potential kollektiver Identität nicht nur zur defensiven Selbst-Behauptung, sondern auch zur kollektiven Selbst-Abschließung, zur sozialen und politischen Fraktionierung und zur aggressiven Selbst-Durchsetzung im Blick zu behalten.

Zum eigenen Vollzug des Lebens (die Kompetenz des Archäologen endgültig übersteigend): Zweifellos brauchen Gemeinschaften eine Einstellung und Bereitschaft zum Zusammenhalt, um als Gemeinschaft zu agieren, sich als Gemeinschaft zu organisieren und Verantwortung für die Mitglieder der Gemeinschaft zu übernehmen. Die Frage ist, ob Identität dafür ein heilvolles Konzept ist?

In dem Konzept der Identität wird die Gemeinschaft von einem prädeterminierten Wir aus gedacht, nicht auf Integration von fremden Mitgliedern hin konzipiert und nicht auf offene Begegnung mit anderen Gemeinschaften hin angelegt. Mit der Ausbildung eines Bewusstseins der eigenen Identität fordern zunächst die Mitglieder der Identitäts-Gemeinschaft selbst deren Anerkennung als ihr Recht ein.

Tatsächlich scheinen gegenwärtige Erfahrungen die Bildung von Identitäts-Einheiten unterschiedlicher Größenordnungen als eine unumstößliche politische Notwendigkeit zu bestätigen: Was wäre die Frauen- oder die Homosexuellen-Bewegung ohne partielle Selbstabschließung und Autonomie gewesen? Die Frage ist bis zu den Katastrophen der Gegenwart hochaktuell. Doch eben hierin wird die Problematik deutlich: in der Voraussetzung, dass benachteiligte oder diskriminierte Gruppen sich in identitären Einheiten zusammenschließen müssen, um die Anerkennung ihrer politischen, sozialen, kulturellen oder religiösen Rechte durchzusetzen. Bei anderen Gruppen, wie Kranken und Behinderten, Kindern und Alten, idealiter auch bei Armen, ist keine derart starke Bildung von Identität zur Durchsetzung ihrer Bedürfnisse und Interessen nötig: Hier sieht sich die Gesellschaft der Starken, in mehr oder minder ausreichendem Maß, in der Pflicht, Verantwortung für die Schwachen zu übernehmen. Es ist darum bedenklich, Politik grundsätzlich als Kampf von Identitäts-Gruppen für sich selbst zu konzipieren. Yascha Mounk zeigt eindrucksvoll auf, dass dies zur Polarisierung und Desintegration der Gemeinschaft führen muss. Wirkliche Anerkennung kann nicht von den Anzuerkennenden selbst durchgesetzt, sondern nur von den Partnern in gegenseitiger Offenheit erteilt werden. Solange Anerkennung und Gleichheit als durchgesetztes Recht einzelner Identitäts-Einheiten und nicht als fundamentaler Habitus der Gesamtheit begriffen wird, kann sich schwer eine wirkliche Gemeinschaftlichkeit ausbilden.

Gewiss können Gemeinschaften sich eine Vorstellung von sich selbst machen, und gewiss können sie sie zu einem Bewusstsein von Identität steigern. Aber sie sollten von der eigenen Identität möglichst wenig aktiven Gebrauch machen (müssen). Natürlich wird man die Identität mit aller Entschiedenheit verteidigen, wenn sie von außen in Frage gestellt und angegriffen wird, als Reaktion darauf, dass einer Gruppe Identität im negativen Sinn, als Alterität, zugeschrieben wird, um sie als Andere, seien es Frauen, Homosexuelle oder Fremde, auszuschließen. Aber aus der eigenen Perspektive kann die ständige Frage »Wer bin ich?« und »Wer sind wir?« zur Obsession der Selbstbezogenheit werden. Denn die offensichtlichsten Fundamente für den Zusammenhalt von Gemeinschaften stehen eher im Widerspruch zu dem Konzept der kollektiven Identitäten:

Gemeinsame Wertvorstellungen. Zweifellos müssen Gemeinschaften Diskurse der Aushandlung von Wertvorstellungen führen, die innerhalb ihrer Reichweite gelten sollen. Aber diese Werte können nicht Gemeinschaften und ihre Identität als solche definieren. Im Gegenteil: Gemeinschaften machen sich *allgemeine* Werte zu eigen, deren Geltung sie auch für andere Gemeinschaften anstreben oder gar einfordern, wie Demokratie, Rechtsstaatlichkeit, Freiheit der Person, soziale Gerechtigkeit und Menschenrechte. Indem solche Werte rational begründet werden können und müssen, beanspruchen sie allgemeine Geltung: nicht weil sie zur deutschen, europäischen oder westlichen Identität gehören, sondern weil sie auf bestimmten anthropologischen und ethischen Prämissen begründet sind und unter diesen Prämissen in Geltung gesetzt werden (sollen). Die Bestimmung als Faktoren der »Identität« einer begrenzten Gemeinschaft verschleiert gerade diese allgemeine rationale Begründung der Werte durch eine vor-reflexive Behauptung als partikulärer kultureller Besitz. Die kulturellen Wertvorstellungen gewinnen nicht an Kraft und Geltung, wenn sie als Elemente einer Identität gehandelt werden. Kulturelle Praktiken und Güter sind die Lebensgrundlage von Gesellschaften wie von Individuen. Aber man sollte sie nicht zur Schaffung von Identität, sondern um ihrer inhärenten Kraft willen pflegen: Man sollte Kultur unabhängig von Identität denken. Mit François

Jullien: »Kultur hat nicht die Funktion, dem nach Anerkennung strebenden Subjekt dabei zu helfen, ein Selbstbild zu konstruieren – und wenn dies doch geschieht, handelt es sich um einen pervertierten Gebrauch von Kultur (eine Perversion, in welcher der Nationalsozialismus seinen Ursprung hatte)«.

Mitmenschliche Verantwortung. Das persönliche Einstehen und die kollektive Verantwortung für die Mitglieder der eigenen Gemeinschaft sind eine unabdingbare Voraussetzung für deren Funktionieren und Bestehen. Doch das eigentliche Feld und die eigentliche Herausforderung von Mitmenschlichkeit und Verantwortung sind gerade nicht die homogen eingefärbten Identitäts-Gruppen, innerhalb derer das Einstehen für gemeinsame Interessen *eo ipso* für einen festen Zusammenhalt sorgt, sondern die großen, kontingent zusammengesetzten Gemeinschaften multipler Prägung, die die Wirklichkeit der Gegenwart ausmachen und in denen Brücken und Wege zwischen unterschiedlichen Interessen gebaut werden müssen. Dies aber wird besser von Begriffen und Konzepten der Kohäsion und der Solidarität getroffen, weil sie den Nachdruck nicht so sehr auf die Subjekte und deren unverhandelbare Identität, sondern auf die Konnektivität der heterogenen Gemeinschaft legen.

Identitäten müssen nicht bestärkt, sondern entschärft, die Grenzen nicht markiert, sondern überbrückt werden. Tareq Abu Hamed, der Direktor des (regierungsunabhängigen) Arawa-Instituts für Umweltstudien im Kibbuz Ketura, das den Dialog zwischen Studierenden der verschiedensten Herkunft fördert, jüdischen und arabischen Israelis, Palästinensern aus dem Westjordanland und Gaza, dazu aus aller Welt, soll auf die Frage nach seiner eigenen Identität geantwortet haben: »Das ist mir wirklich egal. Wir sind alle Menschen«.

IDENTITÄT UND SOLIDARITÄT

Eine grundsätzliche Problematik der Kategorie der Identität liegt darin, dass sie, streng genommen, ein Konzept ohne Maßstäbe der Bewertung ist. Identität kann nicht rational begründet werden. Das heißt aber, sie muss auch nicht verantwortet werden. Daher die Affinität von kollektiver Identität zu nicht hinterfragbaren, quasi-sakralen Letzt-Begründungen: zu religiöser Erwählung, zu schicksalshaften Geschichts-Narrativen – bis zum Missbrauch im Sinn der Rasse.

Als Leitbegriff kollektiver Selbstbezogenheit ist Identität das Gegen-Konzept zu Solidarität. Solidarität erhält ihren prägnanten Sinn nicht nur in der Anteilnahme an den Angehörigen der eigenen Identitäts-Gemeinschaft, sondern vor allem im Einstehen für die Angehörigen von fremden Gruppen. Durch die Zunahme selbstbezogener Identitäts-Gemeinschaften droht eine allgemeine

Erosion gegenwärtiger Gesellschaften. Gegen solche zersetzenden Tendenzen erheben sich in jüngster Zeit Stimmen für die Stärkung des Zusammenhalts von Gemeinschaften, sowohl im Inneren von Nationen als auch unter den Mitgliedern der Weltgemeinschaft: Peter Graf Kielmansegg unter dem Titel »Gemeinwohl und Weltverantwortung« (2023), Aleida und Jan Assmann mit dem Projekt »Gemeinsinn und Solidarität« (ebenfalls 2023). Dabei wäre allerdings ein neuer, kritischer Blick auf die Auswirkungen der Konzepte der kollektiven Identität notwendig, die gegenwärtig zunehmend zu Grenzziehungen und Brüchen zwischen den Identitäts-Gemeinschaften führen. Die häufig entgegengehaltene, gut gemeinte Versicherung, die Bewahrung der eigenen Identität schließe die Solidarität mit Anderen und Fremden nicht aus, sondern könne sie im Gegenteil nur bestärken, ist wohlfeil und blauäugig: Politik und Wirtschaft bestätigen überall die ent-solidarisierende Wirkung identitärer Positionen. Je stärker die Identität, je lauter der Ruf nach einer »Leitkultur« wird, desto schwieriger wird die Integration. Solidarität, die diesen Namen verdient, beginnt jenseits von Identitäten.

Die Kraft der Kohärenz von Gemeinschaften kann, je vielfältiger sie sind, nur aus affektiven Bindungen kommen. Der gegebene Rahmen dafür sind nicht Identitäts-Gemeinschaften, sondern Lebensgemeinschaften. Die humansten Bindungen des Menschen sind die an die tatsächlichen Lebenswelten, die sie als die »ihren« empfinden: an Personen und soziale Umgebungen, mit denen das »Leben« sie zusammengeführt hat; an Orte und Situationen, in die sie hineingewachsen sind, an Sitten und Verhaltensweisen, bekannt oder fremd, die sie verstehen gelernt haben oder auch nicht; kurzum: an eine Welt, der sie durch Herkunft oder eigene Entscheidung, Schicksal oder Zufall zugehören. Diese Lebenswelten sind nicht besser, bedeutender oder schöner als alle anderen, aber sie sind durch Lebenserfahrung der eigenen Empathie zugänglich geworden. Es sind zusammengekommene Gemeinschaften: teils längerfristig vereinigt durch gemeinsames Leben, wie das Mietshaus, der Stadtteil, die Stadt, die Region, bis zum Staat; teils durch Kontingenz verbunden, wie die Schulklasse oder eine Heerestruppe. Sie alle stellen die zentrale Erfahrung von Gemeinschaft und zugleich die zentrale Aufgabe von Gemeinschaftlichkeit dar, die auf nichts anderem basiert, als dass man die Gemeinschaft mehr oder minder gut kennen und in ihren Eigenschaften und Bedürfnissen verstehen gelernt hat. Nur daraus können Empathie, Solidarität, Gemeinsinn, Verantwortung und der Wille zur Gestaltung von Gemeinschaft entstehen.

Für die Antike hat Sophokles in dem Chorlied der athenischen Frauen ein unvergleichliches Zeugnis der beglückten Liebe zu ihrem attischen Land geschaffen; als Gegenbild hat Franz Werfel die unsäglichen Schmerzen der vertriebenen Armenier in der Erinnerung an die verlorene Heimat beschworen. Auch dies ist mit dem selbstbezogenen und eingrenzenden Begriff der Identität nicht zu fassen: Es ist die unverbrüchliche Liebe zu einer Welt, es mögen auch mehrere Welten sein, in die man »gehört«. Wir in unsere, andere in die ihre. Das hatte Bert Brecht im Sinn mit der Hymne, die er für die deutschen Kinder schrieb, ohne jeden Anspruch prätentiöser Identitäten:

Anmut sparet nicht noch Mühe,
Leidenschaft nicht noch Verstand,
daß ein gutes Deutschland blühe,
wie ein andres gutes Land.
Daß die Völker nicht erbleichen
wie vor einer Räuberin,
sondern ihre Hände reichen
uns wie andern Völkern hin.
Und nicht über und nicht unter
andern Völkern wolln wir sein,
von der See bis zu den Alpen,
von der Oder bis zum Rhein.
Und weil wir dies Land verbessern,
lieben und beschirmen wir's.
Und das liebste mag's uns scheinen
so wie andern Völkern ihrs.

WISSENSCHAFTLICHER ANHANG

Aus der kaum übersehbaren, und von mir nur sehr partiell wahrgenommenen, Literatur zu den Konzepten von Identität und Alterität sind mir folgende Titel besonders wichtig geworden (danach mit Namen der Autorinnen und Autoren und Erscheinungsjahr zitiert):

ALLGEMEINE BIBLIOGRAPHIE

Allgemeine Theorie: Gesellschaft, Kultur, Politik:

L. Abu-er-Rub / Ch. Brosius / S. Meurer / D. Panagiotopoulos / S. Richter (Hgg.), Engaging Transculturality. Concepts, Key Terms, Case Studies (London / New York 2019).

A. Assmann, Erinnerungsräume. Formen und Wandlungen des kulturellen Gedächtnisses (München 1999).

A. Assmann, Die Wiedererfindung der Nation. Warum wir sie fürchten und warum wir sie brauchen (München 2020),

A. Assmann / J. Assmann, Gemeinsinn und Solidarität (Hamburg 2023).

J. Assmann, Das kulturelle Gedächtnis (München 1992, 8. Auflage 2018).

R. Brubaker / F. Cooper, Beyond »Identity«. Theory and Society 29 (2000) 1–47.

F. Coulmas, Das Zeitalter der Identität. Zur Kritik eines Schlüsselbegrfffs unserer Zeit (Heidelberg 2019).

M. Fludernik / H. J. Gehrke (Hgg.), Normen, Ausgrenzungen, Hybridisierungen und »Acts of Identity« (Würzburg 2004).

Ph. Gleason, Identifying Identity: A Semantic History. Journal of American History 69/4 (1983) 910–931.

R. Jenkins, Social Identity (3rd ed. London 2008).

F. Jullien, Il n'y a pas d'identité culturelle. Mais nous défendons les ressources culturelles (Paris 2016). Deutsch: Es gibt keine kulturelle Identität. Wir verteidigen die Ressourcen einer Kultur (Berlin 2017).

P. Graf Kielmansegg, Gemeinwohl und Weltverantwortung (Stuttgart 2022).

O. Marquard / K. Stierle (Hgg.), Identität. Poetik und Hermeneutik, Band 8 (München 1979).

Y. Mounk, The Identity Trap. A Story of Ideas and Power in our Time (London 2023). Deutsch: Im Zeitalter der Identität (Stuttgart 2023).

L. Niethammer, Kollektive Identität. Heimliche Quellen einer unheimlichen Konjunktur (Reinbek bei Hamburg 2000).

F. Remotti, Contro l'identità (Bari 1996).

F. Remotti, L'ossessione identitaria (Bari 2017).

E. W. Said, Orientalism (New York 1979).

P. Stachel, Identität. Archiv für Kulturgeschichte 87 (2005) 395–425.

Ch. Taylor, Sources of the Self. The Making of the Modern Identity (Cambridge, Mass. 1989): Deutsch: Quellen des Selbst. Die Entstehung der neuzeitlichen Identität (Frankfurt a. M. 1994).

Antike:

N. Arrington, Athens at the Margins. Pottery and People in the Early Mediterranean World (Princeton 2021).

H. Baitinger (Hg.), Materielle Kultur und Identität im Spannungsfeld zwischen mediterraner Welt und Mitteleuropa (Mainz 2016).

S. Bell / I. L. Hansen (Hgg.), Role Models in the Roman World. Identitiy and Assimilation (Ann Arbor 2008).

A. Dihle, Die Griechen und die Fremden (München 1994).

H.-J. Gehrke, Identità mitologia, politica: Grecia e Oriente da Troia ad Alessandro. In: Storia d'Europa e del Mediterraneo I, sez. II: M. Giangiulio (Hg.) La Grecia, vol. IV (Roma 2008) 543–562.

H.-J. Gehrke, Von der Materialität zur Identität. In: Baitinger (2016) 1–13.

J. Grethlein, Antike und Identität (Tübingen 2022).

E. S. Gruen (Hg.), Cultural Identity in the Ancient Mediterranean (Los Angeles 2011).

E. Hall, Inventing the Barbarian (Oxford 1989).

J. Hall, Ethnic Identity in Greek Antiquity (Cambridge 1997).

J. Hall, Hellenicity. Between Ethnicity and Culture (Chicago / London 2002).

K. P. Hofmann / H.-J. Gehrke, Identitäten und Identifikationen einst und heute. Zur Bedeutung von Raum, Wissen und Repräsentation im Rahmen von Identitätspraktiken. In: K. P. Hofmann (Hg.), Antike Identitäten und moderne Identifikationen: Raum, Wissen und Repräsentation (Wiesbaden 2023) 1–31..

T. Hölscher (Hg.), Gegenwelten zu den antiken Kulturen Griechenlands und Roms in der Antike (München / Leipzig 2000).

E. Kistler, Funktionalisierte Keltenbilder. Die Indienstnahme der Kelten für die Vermittlung von Normen und Werten in hellenistischer Zeit (Berlin 2009).

Chr. Meier, Die politische Identität der Griechen, in: Marquard / Stierle (1979) 371–406.

Chr. Meier, Kultur um der Freiheit willen. Griechische Anfänge – Anfänge Europas? (München 2009).

M. C. Miller, Athens and Persia in the Fifth Century BC. A Study in Cultural Receptivity (Cambridge 1997).

W. Nippel, Griechen, Barbaren und »Wilde«. Alte Geschichte und Sozialanthropologie (Frankfurt am Main 1990).

W. Pohl / M. Mehofer (Hgg.), Archaeology of Identity (Wien 2010).

W. Raeck, Zum Barbarenbild in der Kunst Athens im 6. und 5. Jahrhundert v. Chr. (Bonn 1981).

R. Rollinger / Chr. Ulf (Hgg.), Griechische Archaik. Interne Entwicklungen – externe Impulse (Berlin 2004).

R. Schulz / U. Walter, Griechische Geschichte ca. 800–322 v.Chr (Berlin 2022).

J. L. Shear, Serving Athena. The Festival of the Panathenaia and the Construction of Athenian Identity (Cambridge 2021).

Chr. Ulf (Hg.), Wege zur Genese griechischer Identität (Berlin 1996);

Chr. Ulf / E. Kistler, Die Entstehung Griechenlands (Berlin / Boston 2020).

N. Zenzen / T. Hölscher / K. Trampedach, Aneignung und Abgrenzung. Wechselnde Perspektiven auf die Antithese von »Ost« und »West« in der griechischen Antike (Heidelberg 2013).

GESCHICHTE ALS BLICK IN DEN SPIEGEL ODER AUS DEM FENSTER?

Zu heutiger Identität und griechisch-römischem Altertum, besonders in den USA, s. Grethlein (2022).

Die hier vertretene Unterscheidung von Geschichte als Blick in den Spiegel und aus dem Fenster steht in vieler Hinsicht Hans-Joachim Gehrkes Unterscheidung von intentionaler und rationaler Geschichte nahe: L. Foxhall / H.-J. Gehrke / N. Luraghi (Hgg.), Intentional History. Spinning Time in Ancient Greece (Stuttgart 2010).

S. dazu P. Stamm, In einer dunkelblauen Stunde. Roman (Frankfurt a. M. 2023) 251–252: »Da steht er... und schaut aus dem Fenster in die Welt hinaus, die ihn immer mehr interessiert hat als der Blick in den Spiegel«

ZEITGEIST UND GEGENSTIMMEN

Konziser Überblick über Vorstufen und Geschichte des Begriffs der Identität: Gleason (1983); Stachel (2005). Weit ausgreifend Coulmas (2019). Breite und grundsätzliche Wirkung entfaltete der SFB der Universität Freiburg »Identitäten und Alteritäten. Die Funktion von Alterität für die Konstitution und Konstruktion von Identität« (1997–2003). Dazu M. Fludernik, SFB 541: »Identitäten und Alteritäten. Die Funktion von Alterität für die Konstitution und Konstruktion von Identität«, Historical Social Research 26/4 (2001) 274–280; Fludernik / Gehrke (2004), darin H.-J. Gehrke, Einleitung S. 11–19.

Politische Identität im klassischen Athen: Meier (1979). Weitreichender und fruchtbarer Gebrauch des Begriffs Identität – in einem dezidiert »flüssigen«, konstruktivistischen Sinn – als Grundkategorie der Kulturgenese des antiken Griechenland: Ulf (1996); Ulf / Kistler (2020). Breites Spektrum verschiedener Bereiche von Identität: Gruen (2011).

Kritisch zum Begriff und Konzept der Identität: Remotti (1996); Brubaker / Cooper (2000); Niethammer (2000); Jullien (2016 / 2017); Remotti (2017); s. auch F. Remotti (a cura di), Sull'identità

(2021). Zu den hier angestellten Überlegungen s. bereits T. Hölscher, Myths, Images, and the Typology of Identities in Greek Art. In: Gruen (2011) 47–65. – Rehabilitierung des Begriffs der Identität: A. Assmann (2020), bes. 51–89.

Fluidität und Permeabilität von Kulturen: Abu-er-Rub et al. (2019). Darin besonders Einführung S. 1–17 sowie J. Maran S. 52–64.

EIN PAAR PROBLEMATISCHER BEGRIFFE

Allgemeine Theorie der Identität: Jenkins (2008); Coulmas (2019); in der Klassische Archäologie: Shear (2021) 21–26.

Kultur, Gedächtnis und Identität aus der Perspektive ihrer Träger konzipiert: J. Assmann (1992); A. Assmann (1999); A. Assmann (2020) 61–65.

Abstufung von »Selbstbild«, »Selbstdarstellung« und »Identität«: mit Dank übernommen aus einem Vortrag von Frank Bernstein und Wulf Raeck (Tagung der Mommsen-Gesellschaft (Berlin 2019)), dessen Text die Verfasser mir freundlicherweise zur Verfügung gestellt haben. Der von J. M. Lotman, Die Innenwelt des Denkens (Berlin 2010) eingeführte und von verschiedenen Autorinnen und Autoren übernommene Begriff der »Selbstbeschreibung« ist umfassender konzipiert und übergreift die hier differenzierten Stufen

»Identität« als Substitut für »Eigenart«, »Wesensart«, »Charakter«: Ein früher viel gelesenes Buch von Richard Harder mit dem Titel »Die Eigenart der Griechen« (1955) bietet »Eine kulturphysiognomische Skizze« (Untertitel des ersten Teils), in der die griechische »Volkseigenart« durch alle zeitlichen Epochen, geographischen Räume und sozialen Gruppen als naturwüchsiger Charakter begriffen und in den Lebensräumen, der Sprache, der Religion und den Mythen, den Lebensordnungen und den kulturellen Produkten beschrieben wird.

»Starke« Werte als Grundlage von Identität: Taylor (1989 / 1994). – Soziale Rollen in der Antike: Bell / Hansen (2008).

KONSTRUKTIONEN VON IDENTITÄT UND ALTERITÄT

Der konstruktive Charakter von Identität und Alterität wird heute allgemein betont, s. H.-J. Gehrke, Einleitung. In: Fludernik / Gehrke (2004) 11–19. Besonders deutlich Remotti (1996 und 2017). Zum Gewalt-Potential der Verbindung von Kultur/Religion mit Identität s. Remotti (1996) 45–57 über »bewaffnete Identität« (»identità armata«); 87–96 über Identität als Wurzel eines »Wahnsinns« (»pazzia«) der Verkettung von Gewalt und Rache. Im Sinn eines alternativen Begriff von Kultur sieht Jullien (2016 / 2017) S. 63 (deutsche Ausgabe) die förderliche Kraft der Kultur gerade darin, dass sie den Menschen in die Lage versetzt, »die Begrenzung seines Ichs zu überwinden«.

Identität und »Identitäre Bewegung«: A. Assmann (2020) 56 mahnt, man dürfe den Begriff der Identität nicht den Identitären überlassen. Aber will man mit ihnen einen Begriff der Selbstbezogenheit teilen?

Kulturelle Identität als sakrosanktes Recht: Remotti (1996) 32–36.

ARCHÄOLOGIE, IDENTITÄT UND ALTERITÄT

Allgemein: Pohl / M. Mehofer (2010); Baitinger (2016); darin besonders Gehrke (2016).

Phönikische Bronzeschale in athenischem Grab: K. Kübler, Kerameikos 5, 1: Die Nekropole des 10. bis 8. Jahrhunderts (Berlin 1954), Taf. 162.

MATERIELLE KULTUR UND HISTORISCHE AKTEURE: DIE UNSICHTBARKEIT VON IDENTITÄT

Zur Ethnogenese im archaischen Griechenland: K. Freitag, Historische Zeitschrift 285 (2007) 284–307. – Griechische Kulturgenese als Identitätsbildung: Ulf / Kistler (2020). Dagegen kommt Arrington (2021) für die Bildung der Polis Athen weitgehend ohne die Kategorie der Identität aus. – Gesamtgriechische Kulturelle Identität: Gehrke (2008).

Zur Problematik der Bedeutung von materieller Kultur für Fragen der Identität s. Hall (1997) 128–131; J. Hall, The Creation and Expression of Identity. The Greek World. In: S. E. Alcock / R. Osborne (Hgg.), Classical Archaeology (2nd ed. Oxford 2012) 351–367.

Hans-Joachim Gehrke (2016) hat ein Modell des Weges »Von der Materialität zur Identität« vorgeschlagen, in dem die Gegenstände der materiellen Kultur idealtypisch in kulturellen Praktiken verankert und dadurch umfassender in die betreffenden Gesellschaften eingebunden werden. Das ist ein wichtiger Schritt über die Erhebung der reinen Befunde hinaus, löst aber, wie Gehrke selbst darlegt, nicht die Fragen, die an den kulturellen Grenzen entstehen.

Al-Mina und andere Fundplätze früher griechischer Keramik an der Levante: J. Luke, Ports of Trade (Oxford 2003).

Pithekoussai / Ischia: G. Buchner / D. Ridgway (Hgg.), Pithekoussai I (Roma 1993). Gelage-Sitten; J. N. Coldstream, Drinking and Eating in Euboean Pithekoussai. In: M. Bats / B. D'Agostino (Hgg.), Euboica. L'Eubea e la presenza euboica in Calcidica e in

Occidente (Napoli 1998) 303–310. Nestor-Becher: Buchner / Ridgway, a. O. 219, 745–750; O. Murray, Nestor's Cup and the Origins of the Greek Symposion, Annali dell'Istituto Universitario Orientale di Napoli 1 (1994) 47–54; P. von Möllendorff, Es war einmal... ein Becher des Nestor. In: U. Egelhaaf-Geiser / D. Pausch / M. Rühl (Hgg.), Kultur der Antike (Berlin 2011) 413–433; M. Wecowski, The Rise of the Greek Aristocratic Banquet (Oxford 2014) 127–139, 251–263; Arrington (2021) 205–207.

Torre Satriano: M. Osanna et al. (Hgg.), Lo spazio del potere (Venosa 2009). Schon von Gehrke, a. O. 10 angeführt.

Basis des Kouros Kroisos: G. Despinis / G. Kaltsas (Hgg.), Ethniko Archaiologiko Mouseio. Katalogos glypton I.1 (Athena 2014) 207–211, Nr. I.1185a (P. Karanastasi). Zusammengehörigkeit mit Kouros von Anavyssos, a. O. 202–207 Nr. I.1185 nicht völlig gesichert, aber wahrscheinlich. Ebenso hypothetisch, aber m. E. sehr wahrscheinlich ist die Zuweisung an die Familie der Alkmeoniden, s. dazu R. Neer, The Emergence of the Classical Style in Greek Sculpture (Chicago 2010) 28.

Langsame Ausbildung einer gesamtgriechischen Identität: Dihle (1994); J. Hall (1997); J. Hall (2002); Ulf / Kistler (2020) 100–132, 207–238.

Theoretische Ansätze zu den Kontakten zwischen Griechen und angrenzenden Kulturen, besonders im Rahmen der so genannten »Kolonisation«: I. Malkin, A Colonial Middle Ground. Greek, Etruscans and Local Elites in the Bay of Naples. In: C. L. Lyons / J. Papadopoulos (Hgg.), The Archaeology of Colonialism (Los Angeles 2002) 151–181.

KULTURELLE DURCHLÄSSIGKEIT: GRIECHENLAND UND ORIENT IN ARCHAISCHER ZEIT

Konstruktion des »Orients« aus der Perspektive des Westens: Said (1979).

Die kulturellen Beziehungen zwischen Griechenland und Orient in archaischer Zeit wurden seit dem früheren 19. Jahrhundert, insbesondere bei C. O. Müller, C. J. Burckhardt, U. v. Wilamowitz-Moellendorff aus einer stark graeco-zentrischen Perspektive gesehen. Dazu M. Bernal, Black Athena. The Afroasiatic Roots of Classical Civilization, vol. I: The Fabrication of Ancient Greece, 1785–1985 (New Brunswick 1987); S. L. Marchand, German Orientalism in the Age of Empire. Religion, Race, and Scholarship (Cambridge 2009); L. Burckhardt, Der Orient und die griechische Kultur bei Burckhardt. In: L. Burckhardt / H.-J. Gehrke (Hgg.), Jacob Burckhardt und die Griechen (Basel 2006) 229–246; T. Hölscher, ebenda 307–308; Ders., Am Kreuzweg der Kulturen: Gaza und die philistäische Küste. In: T. Hölscher / R. Stupperich (Hgg.), Karl Bernhard Stark. Archäologie und Kunstgeschichte im 19. Jahrhundert (Petersberg 2020) 79–93. – Umwertung: W. Burkert, Die orientalisierende Epoche in der griechischen Religion und Literatur (Heidelberg 1984); M. L. West, The East Face of Helicon. West Asiatic Elements in Greek Poetry and Myth (Oxford 1997); Miller (1997); Meier (2009) 84–92; Zenzen / Hölscher / Trampedach (2013); N. Zenzen, Das edle Ungeheuer. Die Semantik des Löwen in Bildwerken des antiken Vorderen Orients und Griechenlands (Rahden/Westfalen 2018), besonders 19–24. Neuere kulturhistorische Gesamtsicht: A. C. Gunter, Greek Art and the Orient (Cambridge 2009); Einschränkungen für Athen: Arrington (2021), besonders 65–71. Umfassende Aufarbeitung: I. von

Bredow, Kontaktzone Vorderer Orient und Ägypten. Orte, Situationen und Bedingungen für primäre griechisch-orientalische Kontakte vom 10. bis zum 6. Jahrhundert v. Chr. (Stuttgart 2017).

Urteile über das kulturelle Verhältnis zwischen Orient und Griechenland: Bronzekessel mit Attaschen: H.-V. Herrmann, Olympia. Heiligtum und Wettkampfstätte (München 1972), besonders 83–84 (dort das Zitat im Text). – Entstehung der Polis und Orient: F. Gschnitzer, Orbis Antiquus 27 (1988) 287–302; Ders., Phoinikisch-karthagisches Verfassungsdenken. In: K. Raaflaub (Hg.), Anfänge politischen Denkens in der Antike (München 1993) 187–198; M. Bernal, ebenda 241–261; K. Raaflaub, Zwischen Ost und West: Phönizische Einflüsse auf die griechische Polisbildung? In: Rollinger / Ulf (2004) 271–291; Meier (2009) 89–92.

Griechischer Neubeginn: B. Snell, Die Entdeckung des Geistes (Hamburg 1946, erweiterte Auflagen 1948, 1955, 1975).

Transkulturalität: Abu-Er-Rub / Brosius / Meurer / Panagiotopoulos / Richter (2019) 23–34; dort S. 26 die Zitate oben im Text.

Alphabet-Schrift: W. Rösler, Mündlichkeit und Schriftlichkeit. In : A. Rengakos / B. Zimmermann (Hgg.), Homer Handbuch (Stuttgart / Weimar 2011) 201–213.

Mythen : W. Burkert, Die orientalisierende Epoche in der griechischen Religion und Literatur (Heidelberg 1984); M. L. West, The East Face of Helikon. West Asiatic Elements in Greek Poetry and Myth (Oxford 1997).

Nachahmungen orientalischer Bronzeschalen in der griechischen Keramik: B. Borell, Attisch-geometrische Schalen. Eine spätgeometrische Keramikgattung und ihre Beziehungen zum Orient (Mainz 1978). – Übernahme orientalischer Gelagesitten in Griechenland: M. Wecowski, The Rise of the Greek Aristocratic Banquet (Oxford 2014), bes. 188–189.

Skythische Bogenschützen, skythische Tracht (kontrovers): M. F. Vos, Scythian Archers in Archaic Attic Vase Painting (1963); Raeck (1981) 10–66, 67–100; F. Lissarrague, L'autre guerrier (1990) 97–189; T. Hölscher, Krieg und Kunst im antiken Griechenland und Rom (Berlin 2019) 53–56.

Nicht Antithese, sondern Partizipation: Rollinger / Ulf (2004); Gunter, a. O.; Zenzen, a. O.

SUBVERSION VON ANTHROPOLOGISCHEN GRENZEN: MENSCH UND TIER

L. Winkler-Horaček, Mischwesen und Tierfries in der archaischen Vasenmalerei von Korinth. In: Hölscher (2000) 217–244; Ders., Monster in der frühgriechischen Kunst (Berlin 2015), 371–392.

Helden im Kampf gegen Monster: T. Hölscher, Aus der Frühzeit der Griechen. Räume – Körper – Mythen (Stuttgart / Leipzig 1998) 56–68; Ders., Immagini mitologiche e valori sociali nella Grecia arcaica. In: F. de Angelis / S. Muth (Hgg.), Im Spiegel des Mythos. Bilderwelt und Lebenswelt (Wiesbaden 1999), bes. 17–27; T. Hölscher, Feindwelten – Glückswelten. Perser, Kentauren und Amazonen. In: Hölscher (2000) 289–300; L. Winkler-Horaček, in den oben genannten Arbeiten; U. Mandel, Über Naturphänomene in der archaisch-griechischen Flächenkunst. In: F. Schimpf et al. (Hgg.), Naturvorstellungen im Altertum. Schilderungen und Darstellungen von Natur im Alten Orient und in der griechischen Antike (Oxford 2018) 57–151.

Junge Männer, »Schwarze Jäger« in der wilden Natur: H. Jeanmaire, Couroi et Courètes (Lille 1939); A. Brelich, Gli eroi greci (Roma 1958); Ders., Paides e parthenoi (Roma 1969); P. Vidal Naquet, Le chasseur noir (Paris 1981); deutsch: Der schwarze Jäger (Frankfurt / Main 1989); A. Schnapp, Das Bild der Jugend in der

griechischen Polis. In: G. Levi / J.-Cl. Schmitt (Hgg.), Geschichte der Jugend (Frankfurt / Main 1996) 21–69; K. Waldner, Geburt und Hochzeit des Kriegers (Berlin 2000).
Kentauren: V. Mele, Il ruolo dei centauri di Herakles. In: Les grandes figures religieuses, Annales littéraires de l'Université de Besançon 68 (1986) 333–356.

IDEOLOGISCHE IDENTITÄT IN UND SEIT DEN PERSERKRIEGEN

Die folgenden Überlegungen zur griechischen Identität in (relativer) Antithese zum »Orient« sind ausführlicher dargelegt bei: M. Miller / T. Hölscher, Wealth and Social Identity, East and West: Between Cultural Anthropology and Political Ideology. In: Zenzen / Hölscher / Trampedach (2013) 367–420; zu Griechenland bes. 388–414 (T. H.).
Emphatische griechische Identität: E. Hall (1989); J. Hall (1997) 47–51; J. Hall (2002) 172–228; S. Morris, Daidalos and the Origins of Greek Art (Princeton 1992) 362–386. – Allgemein zur Konstruktion von Gegenbildern in der Antike Hölscher (2000); B. Isaac, The Invention of Racism in Classical Antiquity (Princeton 2004). – Denkmäler der griechischen Zusammengehörigkeit: T. Hölscher, Immagini dell'identità greca. In: S. Settis (Hg.), I Greci, vol. 2 II (1997) 191–248. Zu Athen: Ders., Images and Political Identity: The Case of Athens. In: D. Boedeker / K. Raaflaub (Hgg.), Democracy, Empire, and the Arts in Fifth-Century Athens (Harvard 1998) 153–183. – Bilder des Krieges: T. Hölscher, Krieg und Kunst im antiken Griechenland und Rom (Berlin 2019) 83–164. – Mythen: D. Castriota, Myth, Ethos, and Actuality. Official Art in Fifth-Century B. C. Athens (1992). – Nachwirkung der Antithese Ost – West: Said (1979); H.-J.

Gehrke, Gegenbild und Selbstbild. Das europäische Iran-Bild zwischen Griechen und Mullahs. In: Hölscher (2000) 85–109.

Emphatische Identität vs. Alterität in anderen Kontaktzonen: Tarent und Apulien: M. Lombardo, pēma Yapygessi, Atti del 41. Convegno di Studi sulla Magna Grecia (Taranto 2002) 259–275. – Nordgriechenland: I. Malkin, Greek Ambiguities: »Ancient Hellas« and »Barbarian Epirus«. In: Ders. (Hg.), Ancient Perceptions of Greek Ethnicity (Harvard 2001) 187–212.

Vasenbilder mit Kämpfen von Griechen gegen Perser: Raeck (1981) 101–163; T. Hölscher, Griechische Historienbilder des 5. und 4. Jahrhunderts v. Chr. (Würzburg 1973) 38–49; Ders., Feindwelten – Glückswelten. Perser, Kentauren und Amazonen. In: Hölscher (2000) 300–308; S. Muth, Gewalt im Bild (Berlin 2008) 239–267 (mit der Mahnung, dass nur ein Teil der Bildwerke ein deutlich negatives Bild der Perser zeigt, zahlreiche andere dagegen keine eindeutige Abwertung erkennen lassen); Hölscher / Miller.

Agesilaos lässt persische Gefangene ausziehen: Xenophon, Hellenika 3, 4, 19.

Griechische Identität durch gleiches Blut, gleiche Sprache, dieselben religiösen Stätten und gleichgeartete kulturelle Gebräuche: Herodot 8, 140–144.

Skythische Kleidung im archaischen Griechenland geschätzt: oben S. 83. Persische Kleidung in den Perserkriegen verpönt bei dem Spartaner Pausanias: Thukydides 1, 130. Verunglimpfung des Atheners Kallias auf einem Ostrakon durch Darstellung mit persischem Gewand und Bogen: S. Brenne, Porträts auf Ostraka, Mitteilungen des Deutschen Archäologischen Instituts Athen 107 (1992) 161–185; Allgemein Miller (1997) 252–253. – Persische Beutestücke in Griechenland: Miller, a. O. 29–62. – Import von orientalischen Luxusgütern: N. Zenzen / A. Mehl / M. van

Es, Wirtschaft im Spannungsfeld zwischen Ost und West: Der Handel im östlichen Mittelmeergebiet achaimenidischer Zeit. In: Zenzen / Hölscher / Trampedach (2013) 294–311 (N. Z.).

PARTIALITÄT DER DISKURSE

Unterschiedliche Urteile in der Forschung über die Antithese Ost – West: Krasses Gegenbild: E. Hall (1989) Dagegen Gruen (2011) 67–85.

Gemälde der Schlacht von Marathon: T. Hölscher, Griechische Historienbilder des 5. und 4. Jahrhunderts v. Chr. (Würzburg 1973) 50–84; M. D. Stansbury-O'Donnell, The Painting Program in the Stoa Poikile. In: J. M. Barringer / J. M. Hurwit (Hgg.), Periklean Athens and its Legacy (2005) 73–87. – Aischylos, Perser: J. Grethlein, The Greeks and their Past (Cambridge 2010) 74–104. – Bemalte Gefäße mit Gegenbildern von Persern bis zu krasser Diffamierung: Raeck (1981) 101–163; Hölscher (2000) 301–304. Weinkanne Hamburg mitn homosexueller Erniedrigung: K. Schauenburg EYRYMEDON EIMI, Mitteilungen des Deutschen Archäologischen Instituts Athen 90 (1975) 97–121; D. Wannagat, »*Eurymedon eimi*« – Zeichen von ethnischer, sozialer und physischer Differenz in der Vasenmalerei des 5. Jahrhunderts v. Chr. In: R. von den Hoff / St. Schmidt (Hgg.), Konstruktionen von Wirklichkeit (2001) 51–71; G. S. Gerleigner, Tracing Letters on the Eurymedon Vase. In: D. Yatromanolakis (Hg.), Epigraphy of Art (Oxford 2016) 165–184. Relativierung bei Muth, a. O.

Unterschiedliche Beziehungen zwischen Griechenland und Orient in verschiedenen Lebensbereichen: s. die jeweils aus griechischer und orientalischer Sicht konzipierten Doppel-Beiträge in: Zenzen / Hölscher / Trampedach (2013).

ALTERITÄT ALS VERDRÄNGTE IDENTITÄT

Hölscher (2000) 305–314; M. Miller / T. Hölscher, Wealth and Social Identity, East and West: Between Cultural Anthropology and Political Ideology. In: Zenzen / Hölscher / Trampedach (2013) 367–420, zu Griechenland bes. 388–414 (T. H.).

Kelten: Hölscher (2000) 304–305; Kistler (2009).

SCHLUSS

Zum griechischen Umgang mit Homosexualität s. K. J. Dover, Greek Homosexuality (London 1978); dort S. 1 Anm. 1: »The Greeks were aware that individuals differ in their sexual preferences but their language has no nouns corresponding to the English noun a ›homosexual‹ and a ›heterosexual‹ since they assumed that everyone responds at different times both to homosexual and heterosexual stimuli.«

Zitat von Jullien: deutsche Ausgabe 2017, 62. – Tareq Abu Hamed: M. Enghusen, Rhein-Neckar-Zeitung 22.12.2023, S. 16.

BILDNACHWEISE

1: © imago stock and people Bildarchiv. Berlin
2: © picture alliance / dpa | Bernd Von Jutrczenka
3: © Pixabay Bildarchiv, Berlin
4: © Artnet, Berlin
5: © Hellenic Republic, Ministry of Culture
6: © Deutsches Archäologisches Institut Rom (Photo R. Sansaini)
7: © Ruprecht-Karls-Universität Heidelberg, Institut für Klassische Archäologie (Photo P. Schalk)
8: Nach: P. C. Bol (Hg.), Die Geschichte der antiken Bildhauerkunst I (Mainz 2002) Abb. 113 a
9: © Deutsches Archäologisches Institut Athen
10: © Antikenmuseum Basel und Sammlung Ludwig
11: © National Museum Scotland
12: © 2024 Museum of Fine Arts, Boston
13: © Goethe-Universität Frankfurt, Institut für Archäologische Wissenschaften
14: Aus: Mitteilungen des Deutschen Archäologischen Instituts Athen 90 (1975) Taf. 38, 2
15: © RMN-Grand Palais (musée du Louvre) (Photo Hervé Lewandowski)
16: © Deutsches Archäologisches Institut Rom